Eva Viladot

Conociendo tu identidad en Cristo

Eva Viladot

Conociendo tu identidad en Cristo

La identidad en Cristo

CREDO EDICIONES

Cover image: www.ingimage.com

Publisher:
CREDO EDICIONES
is a trademark of
International Book Market Service Ltd., member of OmniScriptum Publishing Group
17 Meldrum Street, Beau Bassin 71504, Mauritius

Printed at: see last page
ISBN: 978-620-2-47865-6

CAPITULO 1

6 CARACTERISTICAS DEL YO

"Y el mismo Dios de paz os santifique por completo; y todo vuestro ser, espíritu, alma y cuerpo, sea guardado irreprensible para la venida de nuestro Señor Jesucristo.

(1ª De tesalonicenses cap. 5 verso 23.)

PUNTO 1º IDENTIDAD- ¿QUIÉN SOY?

DEFINICIÓN: Conjunto de rasgos o características de una persona o cosa que permiten distinguirla de otra en un conjunto.

QUÉ NOS DICE DIOS A TRAVÉS DE LA BIBLIA SOBRE LA IDENTIDAD

Cuando hablamos de identidad esto quiere decir, la forma de pensar, hablar, caminar, vestir, actuar. Tenemos que sumergirnos en la Palabra de Dios y preguntarle a ÉL cuál es nuestra identidad.

CONOCIENDO TU IDENTIDAD

Hay identidades con las que nacemos, por ejemplo la de **HIJO.**

Sabemos que alguien es futbolista por su forma de vestir, porque forma parte de un equipo que es lo que le identifica.

Pero esto está basado en cosas superficiales y su identidad desaparece cuando deja de jugar al futbol. Pero la identidad que Dios nos da, es eterna y basada en su naturaleza, y en SU forma de pensar y actúa tomando como base su amor, SU justicia, SU santidad y SU deidad. No por lo que veo a través de mis ojos, o lo que aprendo a través de la naturaleza humana. Vamos a ver algunas identidades que tenemos o que NO debemos adquirir según la Palabra de Dios.

IDENTIDAD SIN CRISTO JESUS

Creación- "**Génesis** *Cap. 1 versículo 27."* **Y creó Dios al hombre a su imagen, a imagen de Dios lo creó;** varón y hembra los creó.

Varón y hembra- "**Marcos** *cap. 10 versículos 6" Pero al principio de la creación,* ***varón y hembra los*** *hizo Dios.*

CONOCIENDO TU IDENTIDAD

Esclavo – "**Romanos** *Cap. 6 versículo 17" Pero gracias a Dios, que aunque erais* ***esclavos del pecado****, habéis obedecido de corazón a aquella forma de doctrina a la cual fuisteis entregados.*

Libre- "**Romanos** *Cap. 6 versículo 20" Porque cuando erais esclavos del pecado, erais* ***libres*** *acerca de la justicia.*

Pecador- "**Lucas** *Cap. 5 versículo 8" Viendo esto Simón Pedro, cayó de rodillas ante Jesús, diciendo: Apártate de mí, Señor, porque* ***soy hombre pecador.***

Carnal- "**Colosenses** *Cap. 2 versículo 11" En él también fuisteis circuncidados con circuncisión no hecha a mano, Al echar de vosotros el* ***cuerpo pecaminoso carnal****, en la circuncisión de Cristo;*

Ahora vamos a ver algunas identidades que **SI** debemos adquirir según la palabra de Dios.

CONOCIENDO TU IDENTIDAD

IDENTIDAD CON CRISTO JESUS

De hijo. "**Juan** *Cap. 1 versos 12-13" Mas a todos los que le recibieron, a los que creen en su nombre, les dio potestad de ser* ***hechos hijos*** *de Dios; 13 los cuales no son engendrados de sangre, ni de voluntad de carne, ni de voluntad de varón, sino de Dios.*

Siervo – "**Romanos** *Cap. 6 versículo 18" Vinisteis a ser* ***siervos*** *de la justicia.*

Libre- "**Romanos** *Cap. 6 versículo 18"Y* ***libertados*** *del pecado.*

Esclavo – "**1ª de Corintios** *Cap. 7 versículo 22" Porque el que en el Señor fue llamado* ***siendo esclavo,*** *liberto es del Señor; asimismo el que fue llamado siendo libre, esclavo es de Cristo.*

Heredero – "**Gálatas** *cap. 3 versículo 29" Y si vosotros sois de Cristo, ciertamente linaje de Abraham sois, y* ***herederos según la promesa.***

CONOCIENDO TU IDENTIDAD

Nueva criatura – "**2ª de corintios** *Cap. 5 versículo 17" De modo que si alguno está en Cristo,* ***nueva criatura es****; las cosas viejas pasaron; he aquí todas son hechas nuevas.*

IDENTIDADES A ALCANZAR

Santo "**1ª de pedro** *Cap. 1-versiculo 16" porque escrito está: Sed santos, porque* ***yo soy santo****.*

Amigo *"**Santiago** Cap. 2 –versículo 23" Y se cumplió la Escritura que **dice**: Abraham creyó a Dios, y le fue contado por justicia, y fue llamado **amigo** de Dios.*

Adorador "**1ª de corintios** *Cap. 2 versículo 15" Mas la hora viene, y ahora es, cuando los verdaderos* ***adoradores*** *adorarán al Padre en espíritu y en verdad; porque también el Padre tales adoradores busca que le adoren.*

Espiritual "**1ª de corintios** *cap. 10 versículo 4" y todos bebieron la misma bebida espiritual; porque bebían de la* ***roca espiritual*** *que los seguía, y la roca era Cristo.*

CONOCIENDO TU IDENTIDAD

Más que vencedor "**romanos** *Cap. 8 versículo 37" Antes, en todas estas cosas somos **más que vencedores** por medio de aquel que nos amó.*

Discípulo "**Lucas** *cap. 14 versículo 27" Y el que no lleva su cruz y viene en pos de mí, no puede ser mi discípulo.*

Labrador "**2ª de Timoteo** *Cap. 2 versículo 6"* ***El labrador****, para participar de los frutos, debe trabajar primero.*

Atleta "**2ª de Timoteo** *Cap. 2 versículo 5" Y también el que lucha **como atleta,** no es coronado si no lucha legítimamente.*

Extranjeros y peregrinos "**1ª de pedro** *Cap. 2 versículo 11"*

Amados, yo os ruego como a extranjeros y peregrinos, que os abstengáis de los deseos carnales que batallan contra el alma,

CONOCIENDO TU IDENTIDAD

IDENTIDADES QUE NOS SON DADAS A LOS CRISTIANOS

Y QUE DEBEMOS EJERCER

Luz "**Mateo** *Cap. 5 versículo 14" Vosotros* ***sois la luz*** *del mundo; una ciudad asentada sobre un monte no se puede esconder.*

Sal "**Mateo** *Cap. 5 versículo 13"* ***Vosotros sois la sal*** *de la tierra; pero si la sal se desvaneciere, ¿con qué será salada? No sirve más para nada, sino para ser echada fuera y hollada por los hombres.*

Templo "**1ª de corintios** *Cap. 6 versículo 19" ¿O ignoráis que vuestro cuerpo es* ***templo del Espíritu Santo,*** *el cual está en vosotros, el cual tenéis de Dios, y que no sois vuestros?*

IDENTIDADES SIMBOLIZANDO ANIMALES

Oveja "**Mateó** *Cap. 10 versículo 16" He aquí, yo os envío* ***como a ovejas*** *en medio de lobos; sed, pues, prudentes como serpientes, y sencillos como palomas.*

CONOCIENDO TU IDENTIDAD

León "**proverbios** *Cap. 30 versículo 30"* ***el león fuerte*** *entre todos los animales. Que no vuelve a atrás por nada.*

Serpiente "**Mateo** *cap. 10 versículo 16" Sed, pues,* ***prudentes como serpientes.***

Paloma "**Mateo** *Cap. 10 versículo 16" sencillos como palomas.*

IDENTIDAD COMO CONGREGACIÓN EN CRISTO

Iglesia "**colosenses** *Cap. 1 versículo 18" y ÈL es la cabeza del cuerpo* ***que es la iglesia****, ÉL que es el principio, el Primogénito de entre los muertos, para que en todo tenga la preeminencia;*

Amada "**romanos** *Cap.9 versículo 25" y a la no amada* ***amada***

Real sacerdocio nación santa "**1ª de Pedro** *Cap. 2 versículo 9" Mas vosotros sois linaje escogido, real sacerdocio, nación santa,*

CONOCIENDO TU IDENTIDAD

Pueblo de Dios "**1ª de Pedro** *Cap. 2 versículo 10" vosotros que en otro tiempo no erais pueblo, pero que* ***ahora sois pueblo de Dios***

IDENTIDAD QUE DEBEMOS TOMAR COMO CONGREGACION

Langostas "**proverbios** *Cap. 30 versículo 27" las langostas que no tienen rey y* ***salen todas por cuadrillas.***

Hormigas "**proverbios** *Cap. 30 versículo 25" las hormigas pueblo no fuerte y en* ***el verano preparan su comida***

Conejos "**proverbios** *Cap. 30 versículo 26" los conejos, pueblo nada esforzado, y ponen su casa en piedra.*

Hemos visto algunas identidades en La Escritura que tenemos o que deberíamos tomar para que se vaya forjando nuestra identidad en Cristo Jesús, en el cual vemos varios ejemplos que nos ilustran muy bien de lo que Dios dice. Por lo tanto, es nuestra responsabilidad el hacer nuestras esas palabras que el mismo Espíritu Santo nos aconseja para que nos vaya bien.

CONOCIENDO TU IDENTIDAD

Somos nosotros a quien le corresponde cambiar y que podamos ser transformados no solo superficialmente sino de una manera seria en una profundidad nueva que nos permita conocernos interiormente para que sea efectiva la renovación de nuestra mente y podamos poner a funcionar en cada uno de nosotros LA MENTE DE CRISTO. Esa renovación tal como nos dice La Escritura tiene que ser una función diaria para que dé fruto y fruto en abundancia. Pero tenemos algunas incógnitas que debemos resolver para que a través de estas páginas, les pueda ser de ayuda a todos. Tanto a las personas que conocen a Cristo como a las personas que prontamente lo van a conocer. Así que les animo a leerlo hasta el final.

¿Verdaderamente sabemos cuál es nuestra identidad de cristiano o debería ser....?

El ser cristiano no es solamente un nombre, sino una forma de vida y por lo tanto es necesario tener un encuentro personal con ÉL. Nuestra vida pasada ya no existe; somos nuevas criaturas. Y tenemos que ir avanzado y caminando para que el cambio sea, no solamente palpable, si no también visible a todos los demás que nos observan.

CONOCIENDO TU IDENTIDAD

Porque dice La Escritura que todos nosotros somos cartas leídas. Nos observan porque somos embajadores de Cristo aquí en esta tierra y <u>LOS CRISTIANOS ESTAMOS LLAMADOS A MARCAR LA DIFERENCIA</u> y no ir con la corriente del mundo.

<u>Y yo te pregunto:</u>

¿Estamos marcando esa diferencia, o somos de aquellos que dicen ser <u>**CRISTIANOS**</u> pero que su marca no es la de <u>**CRISTO**</u> si no que su marca es la del mundo?

A través de lo que su forma de vivir lo que hablan, sabemos realmente lo que son y no en lo que dicen ser.

Por eso La Escritura nos da una forma y manera de saber en qué condiciones estamos y lo que somos realmente, para que no seamos engañados que es lo que el enemigo hace cegando, el entendimiento, y produciendo esa sordera a todo lo que DIOS nos dice. El enemigo trata de mantenernos entretenidos para que nos confórmenos y nuestro fruto no sea fruto abundante y delicioso si no que demos uvas amargas que no sirven para nada.

CONOCIENDO TU IDENTIDAD

EL CARÁCTER

PUNTO 2º Carácter -Como Soy.

DEFINICIÓN: Carácter es lo que verdaderamente somos, no por la apariencia externa, sino por realidad interna que es la expresión de nuestro corazón. Podemos tener buenas ideas pero acciones equivocadas. Nuestro carácter no son las buenas ideas si no la realidad de nuestras acciones. El carácter es posible cambiarlo y desarrollarlo.

Este es el propósito de DIOS expresado "**romanos** *Cap. 12 versículo 2." No os conforméis a este siglo, sino transformaos por medio de la renovación de vuestro Entendimiento, para que comprobéis cuál sea la buena voluntad de Dios, agradable y perfecta.*

Nuestro carácter debe cambiar de tal manera, que refleje el carácter de CRISTO; entre otras cosas, la adquisición de sabiduría y conocimiento *(***Juan** *Cap. 8 versículos 31-32.)* Las personas que no tienen conocimiento, ni sabiduría, desarrollan una personalidad débil. El carácter es el fundamento sobre el cual las personas edificamos nuestras vidas.

LA FORMACION DEL CARÁCTER

"**Romanos** *Cap. 8 versículo 29." Porque a los que antes conoció, también los que fuesen hechos conformes a la imagen de su Hijo,*

DEFINICION DE IMAGEN:

Es la representación visual o mental que se tiene de un objeto o persona. El término también significa connotación de apariencia y semejanza. Dios quiere formar en nosotros el carácter de CRISTO. Pero esa formación es un trabajo compartido entre Dios y nosotros. El resultado de nuestra vida y su calidad depende de nuestros pensamientos, de tal manera que para cambiarlo necesitamos transformar nuestra forma de pensar.

"**Efesios** *Cap. 4 versículo 22" (ver versículo)* implica despojarnos de la forma de pensar de la vieja criatura carnal y humana y vestirnos de una nueva manera de pensar conforme al Espíritu. (La palabra de Dios) ÈL es nuestro ayudador y debemos desarrollar el carácter tal como nos dice: La Escritura en **Mateo** *Cap. 22 versículos del 37-39.- 22:37 Jesús le dijo: Amarás al Señor tu Dios con todo tu* *corazón, y con toda tu alma, y con toda tu mente. 22:39 Y el segundo es semejante: Amarás a tu prójimo como a ti mismo.*

1ª de juan *cap. 4 versículo 8* **1ª de corintios** *Cap. 13 versículos del 1 al 8* **Mateo** *Cap. 7 versículo 12* **Gálatas** *Cap. 5 versículo 14* **Salmo** *Cap. 15 versículos del 1 al 5 Un carácter como el de Cristo implica* ***INTEGRIDAD.*** *En* **gálatas** *Cap. 5 versículos 22-23 el carácter de Cristo lo produce el fruto del Espíritu. En "***Miqueas*** *Cap. 6 versículos 8" dice: Oh hombre, él te ha declarado lo que es bueno, y qué pide Jehová de ti: solamente hacer justicia, y amar misericordia, y humillarte ante tu Dios.*

El carácter de Cristo en nosotros practica la justicia, ama la misericordia, se humilla, reconoce que necesita a Dios para todo.

MANIFESTACIONES DEL CARÁCTER DE LAS PERSONAS

Ver versículos. "**Marcos** *Cap. 1 versículo 22."* **Mateo** *Cap. 23 versículo 3."* Es muy importante que lo que se habla sea consecuentemente con lo que se hace (conducta) y ello te da autoridad moral e influencia.

"**Mateo** *Cap. 5 versículo 16 y en* **Santiago** *Cap. 1 versículo 6" porque el que duda es semejante a la onda del mar, que es arrastrada por el viento y echada de una parte a otra.*

Se caracterizan porque cambian, son personas que no cumplen su palabra, engañan, son volubles como la onda del mar que un día dicen una cosa y otro día dicen otra. Son personas en las cuales no se puede confiar.

CARÁCTER MADURO

Ahora vamos a ver qué cualidades debe de tener una persona de CARÁCTER MADURO.

LA ESCRITURA nos dice en "**Mateo** *cap. 15 versículos 17-18-19-20. No lo que entra en la boca contamina al hombre; mas lo que sale de la boca, esto contamina al hombre. 15:17 ¿No entendéis que todo lo que entra en la boca va al vientre, y es echado en la letrina? 15:18 Pero lo que sale de la boca, del corazón sale; y esto contamina al hombre.15:19 Porque del corazón salen los malos pensamientos, los homicidios, los adulterios, las fornicaciones, los hurtos, los falsos testimonios, las blasfemias. 15:20 Estas cosas son las que* *contaminan al hombre; pero el comer con las manos sin lavar no contamina al hombre.*

Y en **proverbios** *Cap. 4 versículo 23 nos dice claramente y sin ninguna duda: Sobre toda cosa guardada guarda tu corazón porque de él mana la vida.*

El carácter tiene su base, su fundamento en el corazón de la persona. Por eso el consejo del **ESPÍRITU SANTO** es que lo guardes de las obras de la carne y se lo entregues completamente al Espíritu para que produzca en nosotros fruto.

"**Juan** *Cap. 3 versículo 30 nos dice: Es necesario que él crezca, pero que yo mengüe.* "La formación del carácter maduro no aparece de la noche a la mañana. No surge de repente como muchos piensan, sino como dice en "**proverbios** *cap. 4 versículo 18" que va en aumento hasta que el día es perfecto.* Eso nos indica que es un proceso y una formación progresiva, que consiste en unan transformación para que podamos amoldarnos a lo que espera Dios de nosotros según Su Palabra y la guía del Espíritu Santo. Jesús mismo es nuestro ejemplo.

CONOCIENDO TU IDENTIDAD

Aprendió **OBEDIENCIA POR EL SUFRIMIENTO "hebreos** *Cap. 5 versículo 8 Y aunque era Hijo, por lo que padeció aprendió la obediencia; y soporto y venció todo tipo de tentaciones.*

"**Hebreos** *Cap. 4 versículo 15) sino uno que fue tentado en todo según nuestra semejanza, pero sin pecado.*

La palabra de Dios es nuestra brújula, nuestra guía, las cualidades del carácter: integridad, respeto, bondad, dominio propio.

El desarrollo del carácter maduro implica la necesidad. Ser un discípulo de Cristo.

(**Mateo** *Cap. 28 versículos del 18 al 20). 28:18 Y Jesús se acercó y les habló diciendo: Toda potestad me es dada en el cielo y en la tierra. 28:19 Por tanto, id, y haced discípulos a todas las naciones, bautizándolos en el nombre del Padre, y del Hijo, y del Espíritu Santo; 28:20 enseñándoles que guarden todas las cosas que os he mandado; y he aquí yo estoy con vosotros todos los días, hasta el fin del mundo. Amén. Y ello requiere.*

CONOCIENDO TU IDENTIDAD

1º Disciplina: Desechar, habitar y establecer nuevos discípulos.

2º Responsabilidad: Ese es nuestro trabajo, y no el de Dios y de otros.

3º Persistencia: Requiere mantenerse firme a pesar de las dificultades.

4º Paciencia: Es un proceso largo que no nos gusta pero tal como nos dice la escritura es necesario.

5º Convicción: Estar firmemente decidido a lograrlo cueste lo que cueste y sin ninguna duda...

6º Compromiso: Pagar el precio, sin bajar las metas que nos propusimos.

7º Intencionalidad: Mantenernos con la mente fija en alcanzar la meta prevista.

CUALIDADES FUNDAMENTALES DEL CARÁCTER CRISTIANO

¿Cuál es la cualidad fundamental la marca o distinción de un cristiano? ¿Qué nos diferencia de los demás tal como nos dice la escritura? EL AMOR. (**1ª De corintios** *Cap. 13 versos del 4-5-6-7).13:4 El amor es sufrido, es benigno; el amor no tiene envidia, el amor no es jactancioso, no se envanece; 13:5 no hace nada indebido, no busca lo suyo, no se irrita, no guarda rencor; 13:6 no se goza de la injusticia, más se goza de la verdad. 13:7 Todo lo sufre, todo lo cree, todo lo espera, todo lo soporta.*

Es **AMOR;** en esencia, es un compromiso profundo que se siente por ayudar a otras personas, Es la negación del **YO,** para enfocarnos no ya en nosotros mismos si no en los otros.

Ya el egoísmo no forma parte de nuestras vidas, si no que ya nuestro ser es cambiado y trasformado por el **AMOR DE DIOS** en nosotros tal como vemos en los versículos anteriormente mencionados, los cuales tienen una dimensión muy profunda. **SIN AMOR** no somos nada porque todo se terminará pero el amor nunca deja de ser y eso es algo que siempre va aumentando día a dia, porque la naturaleza de DIOS es el AMOR.

Otra cualidad que se deriva del amor es el servicio al prójimo lo mejor posible de acuerdo con los principios establecidos por DIOS.

(**Marcos** *Cap. 10 versículos del 43 al 45). 10:43 Pero no será así entre vosotros, sino que el que quiera hacerse grande entre vosotros será vuestro servidor, 10:44 y el que de vosotros quiera ser el primero, será siervo de todos. 10:45 Porque el Hijo del Hombre no vino para ser servido, sino para servir, y para dar su vida en rescate por muchos.*

INTEGRIDAD DEFINICION: En general se dice que alguien íntegro es una persona en quien se puede confiar. Integridad es retomar el camino de la verdad hacer lo correcto que no varía según las circunstancias. Persona disciplinada en todos los aspectos tanto personales como ministeriales.

"**1ª de reyes** *Cap. 9 versículos 4 y 5. 9:4" Y si tú anduvieres delante de mí como anduvo David tu padre, en integridad de corazón y en equidad, haciendo todas las cosas que yo te he mandado, y guardando mis estatutos y mis decretos, 9:5 yo afirmaré el trono de tu Reino sobre Israel para siempre,* *como hablé a David tu padre, diciendo: No faltará varón de tu descendencia en el trono de Israel.*

Siempre su testimonio y su vida, actúa tanto en público como en privado. Es el mismo en su hablar, sentir, en sus pensamientos y conducta. Lo que mantiene la integridad en una persona, es la total rendición y dependencia de DIOS,

(**Juan** *cap. 15 versículo 5) Yo soy la vid, vosotros los pámpanos; el que permanece en mí, y yo en él, éste lleva mucho fruto; porque separados de mí nada podéis hacer.*

Reconociéndolo a ÉL en todo, tenemos que permanecer, estar, habitar, para poder dar el fruto que ÉL nos demanda. De ninguna manera lo podríamos hacer alejados de su presencia. Es algo que tiene que ser continuo, tiene que formar parte de nuestro interior, no como algo pasajero; que un día nos va bien y otro día estoy muy ocupado, Nuestra vida en **CRISTO** será productiva sólo dependiendo de nosotros. ÈL ya nos está dando pautas, patrones, principios bíblicos de lo que nos corresponde hacer a nosotros, en estas páginas para que nadie pueda alegar ignorancia.

CONOCIENDO TU IDENTIDAD

(**Santiago** *Cap. 1 versículos 22 al 25). 1:22 Pero sed hacedores de la palabra, y no tan solamente oidores, engañándoos a vosotros mismos. 1:23 Porque si alguno es oidor de la palabra pero no hacedor de ella, éste es semejante al hombre que considera en un espejo su rostro natural. 1:24 Porque él se considera a sí mismo, y se va, y luego olvida cómo era. 1:25 Mas el que mira atentamente en la perfecta ley, la de la libertad, y persevera en ella, no siendo oidor olvidadizo, sino hacedor de la obra, éste será bienaventurado en lo que hace.*

Es importante que entendamos que el ser solo oidor, no solamente nos engañamos a nosotros mismos tal como nos muestran estos versículos, si no que nuestra vida en Cristo es estéril, vacía y hueca, porque La palabra es viva y eficaz, y produce su efecto en nosotros no al **OIDOR** sin no al **HACEDOR** de la misma.

Tenemos una promesa: seremos bienaventurados, ósea doblemente bendecidos. En nosotros está adquirir las promesas del **SEÑOR.**

DESARROLLAR LA INTEGRIDAD IMPLICA:

1º Cumplir con tus compromisos en el tiempo determinado (puntualidad).

2º Aprender a planear considerando todas las variables para cumplir puntualmente.

3º Aprender a valorar, aprovechar nuestro tiempo, y el de los demás.

4º Cumplir tu palabra; que tú sí sea sí y que tu no sea no.

(**Mateo** *Cap. 5 versículo 37 nos dice...Pero sea vuestro hablar: Sí, sí; no, no; porque lo que es más de esto, de mal procede.)*

5º Ser constantes en nuestros pensamientos, sentimientos, decisiones.

HONESTIDAD DEFINICIÓN: El vocablo honestidad proviene del latín honestitas (honor dignidad, consideración de que uno goza); es la virtud que caracteriza a las personas por el respeto a las buenas costumbres a los principios morales y a los bienes ajeno. Es la acción constante evitar apropiarse de lo que no nos pertenece.

"**2ª de corintios** *Cap. 20 versículos 20 y 21*"

Evitando que nadie nos censure en cuanto a esta ofrenda abundante que administramos, *8:21 procurando hacer las cosas honradamente, no sólo delante del Señor sino también delante de los hombres.*

"**Proverbios** *Cap. 20 versículo 6" Muchos hombres proclaman cada uno su propia bondad, Pero hombre de verdad, ¿quién lo hallará?*

El ser justo y verdadero igual a **HONESTO** a la forma de **DIOS** y no la nuestra, implica no mentir no robar no manipular no engañar no hacer trampas aprovecharse de los demás. La deshonestidad implica, inseguridad, violencia, pobreza etc.

"**Isaías** *Cap. 59 versículo 4" No hay quien clame por la justicia, ni quien juzgue por la verdad; confían en vanidad, y hablan vanidades; conciben maldades, y dan a luz iniquidad.*

El desarrollo de la honestidad en nosotros, implica por lo menos, hacer lo que decimos, pensamos y sentimos, ser francos y directos primeramente con nosotros mismos y con los demás. Pero sobre todo con amor y respeto hacia las otras personas. Tal como tú quieres que te traten a ti, haz lo mismo con los demás.

LEALTAD Y FIDELIDAD: DEFINICION Fidelidad es la cualidad del carácter que determina que la persona se comprometa con aquello para lo cual ha sido encomendado y debe hacerlo con perseverancia y sin desmayar.

Mateo *Cap. 4 versículos 45 y 46. ¿Quién es, pues, el siervo fiel y prudente, al cual puso su señor sobre su casa para que les dé el alimento a tiempo? Bienaventurado aquel siervo al cual, cuando su señor venga, le halle haciendo así.*

CARACTERÍSTICAS DE LA FIDELIDAD.

Es sinónimo de nobleza, rectitud. Sentimiento de respeto y fidelidad a los propios principios morales, a los compromisos establecidos. Legalidad, constancia, sinceridad, veracidad, tanto para nosotros mismos, como para las personas que están a nuestro cargo y desempeño.

Saber decir **NO** cuando corresponda tanto en las cosas pequeñas como en las que no lo son.

"**Lucas** *Cap. 16 versículo 10" El que es fiel en lo muy poco, también en lo más es fiel; y el que en lo muy poco es injusto, también en lo más es injusto.* **"Lucas** *Cap. 19 versículo 17 "Él le dijo: Está bien, buen siervo; por cuanto en lo poco has sido fiel, tendrás autoridad sobre diez ciudades.*

La fidelidad y la lealtad comienzan con Dios y con todo aquello para lo que hemos sido llamados y en nuestra vida cristiana dando el fruto que nos demanda el Señor, ser contantes en la oración en la lectura y la meditación de la Escritura para dejar de ser oidores y convertimos en hacedores de la misma.

HUMILDAD DEFINICION: Miguel de Cervantes decía sobre la humildad, que es la base y fundamento de todas las virtudes y que sin ella no hay alguna cosa que lo sea.

Desde otro punto de vista, la humildad es que consiste en aceptarnos con nuestras habilidades y defectos sin vanagloriarnos por ellos. Del mismo modo la humildad es opuesta a la soberbia.

Una persona humilde no es pretenciosa, interesada ni egoísta. Carece de orgullo actúa con modestia en lo que es necesario y RECONOCE A DIOS en toda su vida. Es la característica personal que mejor nos faculta para REFLEJAR EL CARÁCTER DE CRISTO en nosotros.

"**Filipenses** *Cap. 2 versículo 8" y estando en la condición de hombre, se humilló a sí mismo, haciéndose obediente hasta la muerte, y muerte de cruz.* "**Efesios** *Cap. 3 versículo 8" A mí, que soy menos que el más pequeño de todos los santos, me fue dada esta gracia de anunciar entre los gentiles el evangelio de las inescrutables riquezas de Cristo.*

La humildad no es una expresión de debilidad, ni de pasividad, al contrario, es fuerza disciplinada y poder para servir a otro. Un rasgo importante del carácter de la persona humilde es, que permite reconocer sus propios errores y apartarse de ellos.

CONSECUENCIAS DE LA FALTA DE HUMILDAD

1º Perder oportunidades de crecimiento.

2º Jamás reconoce errores y por lo tanto acarreara ruina.

"**Proverbios** *Cap. 28 versículo 13." El que encubre sus pecados no prosperará; Mas el que los confiesa y se aparta alcanzará misericordia.*

3º Pierden de vista quienes son.

4º Mienten auto justificándose y lo peor de todo es que se creen sus nuestras propias mentiras.

5º La irritación y la envidia, son el fruto de la vanidad.

"**Gálatas** *Cap. 5 versículo 26." No nos hagamos vanagloriosos, irritándonos unos a otros, envidiándonos unos a otros.*

BENEFICIOS DE LA HUMILDAD

1º Dios es exaltado y nosotros.

2º Somos respetuosos y considerados con los demás.

3º No tenemos más alto concepto de nosotros mismos.

"**Romanos** *Cap. 12 versículo 3." Digo, pues, por la gracia que me es dada, a cada cual que está entre vosotros, que no tenga más alto concepto de sí que el que debe tener, sino que piense de sí con cordura, conforme a la medida de fe que Dios repartió a cada uno.*

4º Dios reanima el espíritu de los humildes y alienta el corazón de ellos. **"Isaías** *Cap. 57 versículo 11" Porque así dijo el Alto y Sublime, el que habita la eternidad, y cuyo nombre es el Santo: Yo habito en la altura y la santidad, y con el quebrantado y humilde de espíritu, para hacer vivir el espíritu de los humildes, y para vivificar el corazón de los quebrantados.*

5º El que se exalta será humillado y el que se humilla será exaltado.

FORMAS DE CRECER EN HUMILDAD

Pedir perdón, RECONOCER los errores, y evitar la exaltación del yo, No justificarnos y quejarnos de todo, siempre echando la culpa a los demás, de todo lo que sucede. Dejar que Dios trate con nosotros esas áreas débiles para que podamos dar el fruto que nos demanda.

Y sobre todo tenemos la ayuda del Espíritu Santo la cual nos muestra en la Escritura cómo debemos de comportamos y nos guía a toda verdad.

"**Juan** *Cap. 16 versículo 13" Pero cuando venga el Espíritu de verdad, él os guiará a toda la verdad;*

PERSEVERANCIA DEFINICION: Se conoce como perseverancia a la firmeza o constancia en una cosa. También alude, a la duración permanente o continua de una cosa, afirmación de ideas. (El termino perseverancia proviene del latín "perseverantia")

"**Proverbios** *Cap. 24 versículo 16" Porque siete veces cae el justo, y vuelve a levantarse; Mas los impíos caerán en el mal.*

EJEMPLOS DE PERSEVERANCIA

El apóstol pablo en **2ª de corintios** cap.11 versículos 23 -26-27 *11:23 ¿Son ministros de Cristo? (Como si estuviera loco hablo.) Yo más; en trabajos más abundante; en azotes sin número; en cárceles más; en peligros de muerte muchas veces 11:26 en caminos muchas veces; en peligros de ríos, peligros de ladrones, peligros de los de mi nación, peligros de* *los gentiles, peligros en la ciudad, peligros en el desierto, peligros en el mar, peligros entre falsos hermanos; 11:27 en trabajo y fatiga, en muchos desvelos, en hambre y sed, en muchos ayunos, en frío y en desnudez;*

Nunca dejó de cumplir el propósito para el cual había sido llamado, por muchas dificultades que tuviera.

JOSÉ

Vemos algunos versículos: en Génesis *cap.* ***37****:19 Y dijeron el uno al otro: He aquí viene el soñador. 37:20 Ahora pues, venid, y matémosle y echémosle en una cisterna, y diremos: Alguna mala bestia lo devoró; y veremos qué será de sus sueños. 37:21 Cuando Rubén oyó esto, lo libró de sus manos, y dijo: No lo matemos. 37:22 Y les dijo Rubén: No derraméis sangre; echadlo en esta cisterna que está en el desierto, y no pongáis mano en él; por librarlo así de sus manos, para hacerlo volver a su padre. 37:23 Sucedió, pues, que cuando llegó José a sus hermanos, ellos quitaron a José su túnica, la túnica de colores que tenía sobre sí; 37:24 y le tomaron y le echaron en la cisterna; pero la cisterna estaba vacía, no había en ella agua. 37:25 Y se sentaron a comer pan; y alzando los ojos miraron, y he aquí una compañía de* *ismaelitas que venía de Galaad, y sus camellos traían aromas, bálsamo y mirra, e iban a llevarlo a Egipto.* ***39:****20 Y tomó su amo a José, y lo puso en la cárcel, donde estaban los presos del rey, y estuvo allí en la cárcel. 39:21 Pero Jehová estaba con José y le extendió su misericordia, y le dio gracia en los ojos del jefe de la cárcel. 39:22 Y el jefe de la cárcel entregó en mano de José el cuidado de todos los presos que había en aquella prisión; todo lo que se hacía allí, él lo hacía.39:23 No necesitaba atender el jefe de la cárcel cosa alguna de las que estaban al cuidado de José, porque Jehová estaba con José, y lo que él hacía, Jehová lo prosperaba.****41****:39 Y dijo Faraón a José: Pues que Dios te ha hecho saber todo esto, no hay entendido ni sabio como tú. 41:40 Tú estarás sobre mi casa, y por tu palabra se gobernará todo mi pueblo; solamente en el trono seré yo mayor que tú.41:41 Dijo además Faraón a José: He aquí yo te he puesto sobre toda la tierra de Egipto.* ***43:****30 Entonces José se apresuró, porque se conmovieron sus entrañas a causa de su hermano, y buscó dónde llorar; y entró en su cámara, y lloró allí. 43:31 Y lavó su rostro y salió, y se contuvo, y dijo: Poned pan. 43:32 Y pusieron para él aparte, y separadamente para ellos, y aparte para los egipcios que con él comían; porque los egipcios no pueden comer pan con los hebreos, lo cual es abominación a los egipcios. 43:33 Y se sentaron delante de él, el mayor* *conforme a su primogenitura, y el menor conforme a su menor edad; y estaban aquellos hombres atónitos mirándose el uno al otro. 43:34 Y José tomaron viandas de delante de sí para ellos; más la porción de Benjamín era cinco veces mayor que cualquiera de las de ellos. Y bebieron, y se alegraron con él.*

No dejó que la traición de sus hermanos metiéndolo en una cisterna, y ser vendido como esclavo, el tener que ir a la cárcel injustamente, lo desanimase ni se auto compadeciera de sí mismo.

Sino que fue una persona a la que **DIOS** pudo utilizar en todas las circunstancias de su vida. (Así, es como nosotros estamos llamados a reaccionar en circunstancia adversas) Y no hubo nadie que pudiera impedir que él alcanzara el plan y el propósito de **DIOS** para para preservación de vida de todos aquellos que **DIOS** puso a su cargo, y vemos el gran corazón de José al recibir a sus hermanos.

EL TRABAJO ESFORZADO:

Tiene dos componentes

Dedicación y la Diligencia

Dedicación: la idea de dedicación suele emplearse con respecto al tiempo y al esfuerzo de una persona, consagrada a una actividad. El concepto, de hecho, puede usarse como sinónimo de intensidad: "trabaje con dedicación en este proyecto.

Diligencia: es la virtud cardinal con la que se combate la pereza. La diligencia procede del latín "diligere" que significa *Amar,* pero en un concepto más vago que de su similar latín "Amare" que es más general. Forma parte de la virtud de la caridad ya que está motivada por el *Amor.* Diligencia con Dios significa cumplir con sus mandamientos, compromisos, y promesas. Diligencia con uno mismo significa ser activo no caer en la pereza tener meta fijas y cumplirlas a tiempo

¿QUE ES LA MODERACION? Definición: cordura, sensatez, templanza en las palabras o acciones. Entendida como una virtud, la moderación es equivalente a las MESURA y a la PRUDENCIA, y también en cierto modo, similar a la humildad.

Jesús fue el supremo ejemplo de cómo llevarse con las personas y ser moderado en conducta y expresión. En cualquier situación por seria que fuera nos da la impresión de una persona calmada y razonable. Si alguna vez se excedió fue en su amor y compasión por las personas. Sobre todo tenemos que ser comedidos y moderados en nuestro lenguaje porque podemos hacer mucho daño con nuestras palabras tal como nos dice La Escritura. Estos son unos cuantos versículos que nos ilustran de una manera que no podemos tener ninguna duda sobre de como tenemos y como no tenemos que actuar. Vemos un ejemplo de cómo nos dice la escritura de personas que son cuidadosas con su lengua.

"**Proverbios** *Cap. 13 versículo 3" El que guarda su boca guarda su alma;* "**Santiago** *Cap. 3 versículos 5-6-9-10.*

Proverbios *cap. 18 versículo 21 Lucas cap. 6 versículo 45.*

La lengua tiene que ver mucho, con lo que se siembra y cosecha, es una ley, cualquier cosa que comuniquemos se puede volver en contra de nosotros.

3:5 Así también la lengua es un miembro pequeño, pero se jacta de grandes cosas. He aquí, ¡cuán grande bosque enciende un pequeño fuego! 3:6 Y la lengua son un fuego, un mundo de maldad. La lengua está puesta entre nuestros miembros, y contamina todo el cuerpo, e inflama la rueda de la creación, y ella misma es inflamada por el infierno. 3:9 Con ella bendecimos al Dios y Padre, y con ella maldecimos a los hombres, que están hechos a la semejanza de Dios. 3:10 De una misma boca proceden bendición y maldición. Hermanos míos, esto no debe ser así.

"**Proverbios** *18:21 La muerte y la vida están en poder de la lengua, Y el que la ama comerá de sus frutos.*"**Lucas** *6:45 "El hombre bueno, del buen tesoro de su corazón saca lo bueno; y el hombre malo, del mal tesoro de su corazón saca lo malo; porque de la abundancia del corazón habla la boca.*

Hombre sabio. Proverbios *Cap. 11 versículo 13* El que anda en chismes descubre el secreto; Mas el de espíritu fiel lo guarda todo.

LA CONCIENCIA

Punto 3º Conciencia –Lo bueno y lo malo.

DEFINICIÓN La palabra griega traducida "CONCIENCIA" en todas las referencias del Nuevo Testamento es SUNEIDIS que significa, conocimiento MORAL o CONCIENCIA MORAL. La conciencia reacciona cuando las acciones o pensamientos y palabras de uno se ajustan o son contrarias a una norma del bien y del mal.

En el concepto del Nuevo Testamento implican TRES VERDADES importantes.

1º LUGAR La conciencia es una capacidad dada por Dios a los seres humanos para el ejercicio del auto Evaluación. Pablo se refiere varias veces a su propia conciencia de ser "buena o sin ofensa".

"**Hechos** *Cap. 23 "versículo 1 Entonces Pablo, mirando fijamente al concilio, dijo: Varones hermanos, yo con toda buena conciencia he vivido delante de Dios hasta el día de hoy.*

"**Hechos** *Cap. 24 versículo 16" Y por esto procuro tener siempre una conciencia sin ofensa ante Dios y ante los hombres.*

Pablo examinó sus propias palabras y hechos y los encontró conforme a su MORAL y sistema de VALORES, que fueron por supuesto basados en los ESTANDARTES DE DIOS. Su conciencia verifica la INTEGRIDAD de su corazón.

2º LUGAR El Nuevo Testamento presenta la conciencia como testigo de algo. El apóstol Pablo dice que los GENTILES tienen presente la conciencia que da testimonio de la presencia de la ley de Dios en sus corazones.

"**Romanos** *Cap. 9" versículo. 1 Verdad digo en Cristo, no miento, y mi conciencia me da testimonio en el Espíritu Santo, y que se han conducido en santidad y sinceridad en sus relaciones con los hombres.*

"**2ª de corintios** *Cap. 1 versículo 12" Porque nuestra gloria es esta: el testimonio de nuestra conciencia, que con sencillez y sinceridad de Dios, no con sabiduría humana, sino con la gracia de Dios, nos hemos conducido en el mundo, y mucho más con vosotros.*

La conciencia es un servidor del sistema de VALORES de una persona. Un sistema de valor inmaduro y débil produce una **CONCIENCIA DEBIL**, mientras que un sistema de **VALORES** plenamente formado produce un FUERTE sentido del bien y del mal. **EN LA VIDA CRISTIANA...** la conciencia puede ser impulsada por una falta de comprensión de las verdades de las Escrituras. La maduración en la fe fortalece la conciencia. Esta última función de la conciencia es lo que el apóstol Pablo explica en sus instrucciones al respecto de comer alimento sacrificado a los ídolos.

"**1º de corintios** *Cap. 10 versículos 27-28 y 29".10: 27 Si algún incrédulo os invita, y queréis ir, de todo lo que se os ponga delante comed, sin preguntar nada por motivos de conciencia. 10:28 Mas si alguien os dijere: Esto fue sacrificado a los ídolos; no lo comáis, por causa de aquel que lo declaró, y Por motivos de conciencia; porque del Señor es la tierra y su plenitud. 10:29 La conciencia, digo, no la tuya, sino la del otro. Pues ¿por qué se ha de juzgar mi libertad por la conciencia de otro?*

CONOCIENDO TU IDENTIDAD

El apóstol, Pablo hace este argumento, puesto que los ídolos no son dioses reales. No importa si la comida ha sido sacrificada a ellos o no, pero algunos de la iglesia de corinto eran débiles en comprensión y creían que los dioses eran reales y que existieron. Estos creyentes inmaduros estaban horrorizados ante la idea de comer, alimentos sacrificados a los dioses, porque sus **conciencias** fueron informadas por los prejuicios erróneos y de supersticiones.

Por lo tanto Pablo alienta a los más maduros en su comprensión a no ejercer su libertad de comer, si esto acusara la **conciencia** de sus hermanos más débiles. Otra referencia a la conciencia en el Nuevo Testamento es una **conciencia cauterizada** o insensible, como que hubiera sido cauterizada con un hierro candente.

1º de Timoteo *Cap. 4 versículo 1-2. 4:1 Pero el Espíritu dice claramente que en los postreros tiempos algunos apostatarán de la fe, escuchando a espíritus engañadores y a doctrinas de demonios; 4:2 por la hipocresía de mentirosos que, teniendo cauterizada la conciencia.*

Tal **conciencia** es endurecida y callosa que ya no siente nada de nada. Este tipo de persona con una conciencia cauterizada, ya no puede escuchar, tiene sordera espiritual y por lo tanto **PECA** con abandono, engañándose a sí mismo, pensando que todo está bien con su alma y trata a los demás insensiblemente y sin compasión. Como cristianos debemos mantener nuestra conciencia clara para obedecer a Dios y mantener nuestra relación con ÉL. Hacemos esto mediante, la aplicación de la Palabra, renovando y ablandando nuestros corazones continuamente.

LA CONCUPISCENCIA

PUNTO 4º Concupiscencia- Mi Yo. Mi carne.

DEFINICIÓN En teología, se llama concupiscencia a sentir deseos (o exceso de deseos) no gratos a Dios. De acuerdo con su etimología de concupiscencia (CUPERE del latín desear, reforzado con el prefijo **CON**) a la propensión del ser humano natural a obrar el **MAL** como consecuencia del pecado original.

¿QUÉ ES LA CONCUPISCENCIA?

A través de la Escritura, encontramos esta palabra utilizada en varios pasajes.

En la epístola de "**Santiago** *Cap. 1 versículos del 13 al 15".1:13 Cuando alguno es tentado, no diga que es tentado de parte de Dios; porque Dios no puede ser tentado por el mal, ni él tienta a nadie; 1:14 sino que cada uno es tentado, cuando de su propia concupiscencia es atraído y seducido.1:15 Entonces la concupiscencia, después que ha concebido, da a luz el pecado; y el pecado, siendo consumado, da a luz la muerte.*

Se da una explicación clara y concisa de este tema tan importante donde tenemos que detenernos y escudriñarnos en profundidad.

Concupiscencia no es solo, referente a los deseos del alma, a placeres sexuales, sino también al deseo por los bienes terrenales. Somos tentados y seducidos de nuestra propia concupiscencia tal como nos dice en "**Santiago** *Cap. 1 versículo 14y 15"1:14 sino que cada uno es tentado, cuando de su propia concupiscencia es atraído y seducido.1:15 Entonces* *la concupiscencia, después que ha concebido, da a luz el pecado; y el pecado, siendo consumado, da a luz la muerte.*

En otras palabras, de lo que el enemigo (Satanás) sabe que nos gusta. Todos tenemos nuestras debilidades y el acusador de nuestras almas nos observa y nos estudia para conocerlas y si lo declaramos por nuestra boca, le estamos dando herramientas para vencernos. Porque sabe que a través de la tentación puede hacernos daño y hacernos caer.

Pero tenemos a alguien precioso y maravilloso que esta para ayudarnos tal Como dice la Escritura en "**1ª de corintios** *Cap. 10 versículo 13" No os ha sobrevenido ninguna tentación que no sea humana; pero fiel es Dios, que no os dejará ser tentados más de lo que podéis resistir, sino que dará también juntamente con la tentación la salida, para que podáis soportar.*

De nosotros, lo que sale son las obras de la carne que están enumeradas en los pasajes bíblicos que a continuación se detallan:

*En "***gálatas** *Cap. 5 versículos del 19 al 26". 5:19 Y manifiestas son las obras de la carne, que son: adulterio, fornicación, inmundicia, lascivia, 5:20 idolatrías, hechicerías, enemistades, pleitos, celos, iras, contiendas, disensiones, herejías, 5:21 envidias, homicidios, borracheras, orgías, y cosas semejantes a estas; acerca de las cuales os amonesto, Como ya os lo he dicho antes, que los que practican tales cosas no heredarán el reino de Dios.*

Y a continuación se detalla bíblicamente lo que debemos ser:

5:22 Mas el fruto del Espíritu es amor, gozo, paz, paciencia, benignidad, bondad, fe, 5:23 mansedumbre, templanza; contra tales cosas no hay ley. 5:24 Pero los que son de Cristo han crucificado la carne con sus pasiones y deseos. 5:25 Si vivimos por el Espíritu, andemos también por el Espíritu. 5:26 No nos hagamos vanagloriosos, irritándonos unos a otros, envidiándonos unos a otros.

Que va en contra de lo que tenemos que ser, dar frutos y fruto en abundancia.

"**Gálatas** *Cap. 5 versículos del 22 al 26".5:22 Mas el fruto del Espíritu es amor, gozo, paz, paciencia, benignidad, bondad, fe, 5:23 mansedumbre, templanza; contra tales cosas no hay ley. 5:24 Pero los que son de Cristo han crucificado la carne con sus pasiones y deseos. 5:25 Si vivimos por el Espíritu, andemos también por el Espíritu. 5:26 No nos hagamos vanagloriosos, irritándonos unos a otros, envidiándonos unos a otros.*

La palabra concupiscencia en griego (epihumia), está escrita **38** veces en el Nuevo Testamento. En la versión en inglés se traduce **32** veces como lujuria, **3** veces como concupiscencia y **3** veces como deseo.

Nos queda claro, meditando en estos pasajes de la Escritura en "**romanos** *Cap. 8 versículos del 5 al 8".8:5 Porque los que son de la carne piensan en las cosas de la carne; pero los que son del Espíritu, en las cosas del Espíritu. 8:6 Porque el ocuparse de la carne es muerte, pero el ocuparse del Espíritu es vida y paz. 8:7 Por cuanto los designios de la carne son enemistad contra Dios; porque no se sujetan a la ley de Dios, ni tampoco pueden;*

CONOCIENDO TU IDENTIDAD

La mente carnal, que es enemistad contra Dios, por supuesto que incluye los deseos de la vieja naturaleza tal como vimos anteriormente en "**Santiago** *Cap. 1 versículos del 13 al 15.*" Algunos de estos pasajes nos pueden ayudar a entender el tema.

1ªde Timoteo Cap. 6 versículo 9;
Mateo Cap. 6 versículos 19 a 21;
Génesis Cap. 3 versículos 1 al 5 º;
2ª de Corintios Cap. 11 versículo 3;
1ª de Timoteo Cap. 2 versículo 14;
Mateo Cap. 4 versículos 10;
Génesis Cap. 3 versículo 6;
1ª de Crónicas Cap. 21 versículos del 1 al 4;

CONOCIENDO TU IDENTIDAD

LA PERSONALIDAD

Punto 5º Personalidad- Mi marca.

DEFINICION: Es el conjunto de características, físicas, genéticas y sociales que reúne un individuo y que lo hacen diferente y único, respecto a los demás. La comunión entre sí de todas estas características, serán la que determina.

LA CONDUCTA y el **COMPORTAMIENTO** de una persona.

VAMOS A VER LOS DIFERENTES TIPOS DE TEMPERAMENTOS QUE HAY:

Punto 6º Temperamento- Actitudes.

1º Melancólico

2º Flemático

3º Colérico

4º Sanguíneo

CONOCIENDO TU IDENTIDAD

La mayoría de las personas poseemos dos de los temperamentos antes mencionados y se combinan de la siguiente manera:

1º Melancólico- Flemático

2º Colérico- Sanguíneo

3º Sanguíneo- Melancólico

Melancólico

Se dice de una persona que tiene sentido de la responsabilidad, habilidades para organizar, tiene normas e ideas elevadas. Pero se deprime con mucha facilidad cuando hay desorden y no se cumplen las normas y reglas que ha establecido. Tiene temor de que nadie le entienda, no le gustan las personas que son superficiales, que son impuntuales, y que son desorganizadas.

Por otro lado, es un buen líder, se organiza bien, es sensible a las necesidades de los demás, tiene una profunda creatividad. Pero se da por vencido muy fácilmente; eso es un factor a corregir.

Flemático: Es una persona que no le gusta tener conflictos, mantiene la paz, siempre que puede. Por otro lado le falta decisión, entusiasmo, energía, se deprime cuando la vida está llena de conflictos, tiene temor cuando tiene que resolver un problema personal o el tener que llevar grandes cambios en su vida.

Como líder es tranquilo, calmado no toma decisiones impulsivas, es agradable, inofensivo, no causa problemas, su temperamento calmado y agradable, es de mucha utilidad a la hora de relacionarse con otras personas.

Colérico

Siempre quiere tener el control. Tiene una habilidad innata de estar a cargo de cualquier cosa que se proponga, tiene un gran sentido de la obediencia y un gran aprecio por los logros a realizar. Por el contrario es mandón, dominante, insensible, se enfada cuando pierde el control, y cuando las personas no hacen lo que él quiere, no está muy dispuesto a delegar. Como líder tiene un sentido natural de mando, pero suele agobiar a las personas que son menos agresivas que él.

Sanguíneo

Es una persona que puede hablar de cualquier cosa, en cualquier momento y en cualquier lugar, tiene una personalidad alegre, es optimista, tiene sentido del humor. Por el contrario, es desorganizado, no puede recordar detalles, ni nombres, es exagerado, no es serio con respecto a nada, confía en que los otros le hagan el trabajo, es demasiado ingenuo y confiado, tiene temor de no ser popular. Como líder, emociona, persuade, e inspira a otros, irradia encanto, pero es olvidadizo y nada bueno para seguir una conversación, no suele ser una persona de fiar, es demasiado egocéntrica y pagado de sí mismo, para ver o que le rodea, tiene mucho carácter, es una Persona con más cualidades que defectos. Vamos a ver ahora bíblicamente como tiene que ser nuestra personalidad. A través de **NOE** en el Antiguo Testamento y al apóstol **Pablo** en el Nuevo Testamento.

CONOCIENDO TU IDENTIDAD

PERSONALIDAD EN CRISTO JESUS

ANTIGUO TESTAMENTO-CARACTERISTICAS DE NOE.

Su nombre significa descanso, cómodo, predicador de justicia. Se menciona en **9** libros de la biblia.

(**Génesis** *Capítulos. 5 al Capítulo 10 historia completa de Noé)*
(1ª de Crónicas, Isaías, Ezequiel, Mateo, Lucas, hebreos, 1ª y 2ª de Pedro.)

- ✓ Noé único varón hallado justo de toda su generación.
- ✓ Obediente a lo desconocido.
- ✓ Comunión íntima con Dios.
- ✓ Amigo de Dios. (**Génesis** *Cap. 6 versículo 9).*
- ✓ Sin falta (**Génesis** *Cap. 6 versículo 9).*
- ✓ Perfecto en sus generaciones. (**Génesis** *Cap. 6 versículo 1;* **Génesis** *Cap. 5 versículo 11;* **Mateo** *Cap. 24 versículos 37 y 38.)*
- ✓ Fue bendecido con largura de años. Cuando tenía 500 años, nació su primer hijo (**Génesis** *Cap. 5 versículo 32).*Tenía 600 años cuando el diluvio, (**Génesis** *Cap. 7 versículo 11),* murió con 950 años (**Génesis** *Cap. 9 versículos 28 y 29).*

- ✓ Noé tenía 480 años de edad, cuando Dios le informo, que iba a destruir al hombre de la faz de la tierra, pero el Señor da **120 años de GRACIA** para que se arrepintieran, mientras Noé construía el **ARCA.**
- ✓ Dios hizo **PACTO** con *Noé* (**Génesis** *Cap. 6 versículos del 18 al 22.* **Isaías** *Cap. 54 versículo 9) Y en* **Génesis** *Cap. 9 versículo 13 El Arco Iris.*
- ✓ Hombre de Fe. Por su FE CONDENO al mundo. (**hebreos** *Cap. 11 versículo 7).*
- ✓ Hombre recto en un mundo torcido. Se criò en un mundo lleno de PECADO y de MALDAD en grado SUMO; a los ojos de Dios la tierra estaba arruinada (**Génesis** *Cap. 5 versículo 22 y Cap. 6 versículo 11 y* **Judas** *Cap. 1 versículos 14 y 15.*
- ✓

No se contaminó; ni él ni su familia a pesar de las circunstancias en que Vivian, se mantuvieron puros. Al construir el arca, **NOE** se convierte en predicador de justicia (**2ª de Pedro** *Cap. 2 versículo 5).*

Esto nos habla a nosotros de valor. No le importó que la gente se burlara de él y de su familia. Era un hombre de convicciones irreprochables.

CONOCIENDO TU IDENTIDAD

¡Cuánto tenemos que aprender de este hombre sencillo y obediente a la voz y a la voluntad de Dios! Estuvo predicando durante 120 años con el ejemplo de su testimonio y el de su familia, no tuvo que ser nada fácil el mantenerse firme a pesar de las burlas y de toda la oposición para que hiciera la voluntad de Dios. Así nosotros tenemos que mantenernos santos y puros en este mundo, tal como hizo Noé y los suyos. Si él pudo, nosotros con la ayuda de Dios, también podemos....

- ✓ Por la Fe (**hebreos Cap.** *11 versículo 1)* la convicción de lo que no se ve.
- ✓ Preparó un Arca. Visión de Dios para su tiempo.
- ✓ Halló gracia.
- ✓ Transmitió su visión a su familia, logro involucrarlos a todos.

NUEVO TESTAMENTO- CARACTERISTICAS DEL APOSTOL PABLO

8 características de un líder como El apóstol Pablo que podemos aprender; (Hechos Cap. 20 versículos del 18 - 19-20-22-23-25-29-32-35 y 36).

20:18 Cuando vinieron a él, les dijo: Vosotros sabéis cómo me he comportado entre vosotros todo el tiempo, desde el primer día que entré en Asia, 20:19 sirviendo al Señor con toda humildad, y con muchas lágrimas, y pruebas que me han venido por las asechanzas de los judíos; 20:20 y cómo nada que fuese útil he rehuido de anunciaros y enseñaros, públicamente y por las casas, 20:22 Ahora, he aquí, ligado yo en espíritu, voy a Jerusalén, sin saber lo que allá me ha de acontecer; 20:23 salvo que el Espíritu Santo por todas las ciudades me da testimonio, diciendo que me esperan prisiones y tribulaciones. 20:25 Y ahora, he aquí, yo sé que ninguno de todos vosotros, entre quienes he pasado predicando el reino de Dios, verá más mi rostro. 20:29 Porque yo sé que después de mi partida entrarán en medio de vosotros lobos rapaces, que no perdonarán al rebaño. 20:32 Y ahora, hermanos, os encomiendo a

Dios, y a la palabra de su gracia, que tiene poder para Sobreedificaros y daros herencia con todos los santificados. 20:35 En todo os he enseñado que, trabajando así, se debe ayudar a los necesitados, y 20:36 Cuando hubo dicho estas cosas, se puso de rodillas, y oró con todos ellos.

1º Comportamiento **INTACHABLE** (**Hechos** *Cap. 20 versículo 18).* Enseña y dirige la grey con tu propio ejemplo, vosotros sois testigos de mi conducta, exhortándoos y consolándoos y sobre todo que andéis como es digno de Dios que nos llamó a su reino y gloria.

(**1ª De tesalonicenses** *Cap. 2 versículos del 10 al 12.* Aquí vemos en estos versículos, lo importante del testimonio eso. Nos tiene que hacer reflexionar, de qué manera estamos andando y que es lo que ven los demás de nuestra conducta y no lo que vemos de nosotros mismos.

2º Consagración **INCONDICIONAL,** sirviendo al Señor con toda humildad y con muchas lágrimas y pruebas que me han venido por las acechanzas de los judíos (**Hechos** *Cap. 20 versículo 19).*

A pesar del sufrimiento Pablo se mantenía firme en el llamado que le hizo Dios y no se amedrento pese a las circunstancias que le rodeaban.

Ejemplo claro de una perseverancia encomiable que nosotros tenemos que aprender. Porque el hijo del hombre, no vino para ser servido, si no para servir y para dar vida en rescate por muchos.

(**Marcos** *Cap. 10 versículo 45). Eso implica varias cosas.*

- Humildad.
- No ser protagonista, si no desde el servicio.
- El afán de recibir aplausos, es perjudicial para el liderazgo. (**Filipenses** *Cap. 2 versículos 3 y 4)*
- Implica el tener que llorar a veces. (**Hechos** *Cap. 20 versículo 19).*

3º Constancia **INFATIGABLE.** (**Hechos** *cap. 20 versículos 20 y 21).* No conocía el cansancio, su fortaleza en el día a día era su comunión con Jesucristo y el estar haciendo Su voluntad, predicando sin desmayar, para que se arrepintieran de sus malos caminos.

Tal como la iglesia, hoy en día, es necesario que haga, Pero muchas veces estamos tan entretenidos en nuestras cosas, que lo de Dios pasa a un segundo plano, y ya no es nuestra máxima prioridad. Así la iglesia esta floja débil y enferma, y no da el fruto que se espera de ella.

Eso hay que corregirlo y tomar ejemplo de esos hombres y mujeres de la biblia que con su vida y con su ejemplo, nos enseñan de la manera que tenemos que hacer, vivir y testificar. También transmitió todo lo que fue útil, tanto en público como en privado. Tenía una constancia sin descanso. Imparcialmente tanto en judíos y griegos. No se entretuvo en cosas sin importancia, sabía lo que realmente valía la pena y lo seguía y lo alcanzaba.

4º convicción **INQUEBRANTABLE.** Era un hombre de ideas claras sabia cuales eran sus prioridades lo que tenía que cumplir en el ministerio costase, lo que costase, aunque tuviera que perder la vida. No quiso escalar puestos para destacar, aunque era un hombre humilde, pero con carácter; sobre todo cuando tenía que defender sus ideas y convicciones.

No le temía a nada ni a nadie. Me gusta esa cualidad que tenía el apóstol Pablo porque su sí era si y su no era no, no cambiaba ni por las circunstancias, ni por cualquier otra cosa que pudieran decirle o amenazarle.

5º Conciencia **IRREPROCHABLE** El apóstol **Pablo** cumplió con su misión: bautizar y enseñar (**Mateo** *cap. 28 versículos 19 y 20 hacer discípulos* (**2ª de Timoteo** *Cap. 2 versículo 2).*

Estuvo más que dispuesto a hacer el bien y lo que se le encomendó a pesar de la oposición de la época, tal como hoy, nosotros tenemos oposición cuando más queremos buscar de Dios. Eso es lo normal en la vida de un cristiano, es nuestro pan de cada día, la oposición del enemigo para que no alcancemos el propósito de Dios en nuestras vidas. Pero tenemos al que todo lo puede en nosotros y así OBTENEMOS la victoria en JESUCRISTO.

Que nada ni nadie tenga nada que reprocharnos por lo que hablemos o por lo que hagamos, tenemos que ser transparentes en todo momento y en todo lugar.

6 Atalayas **(CUIDADO INCESANTE)** ¿Qué es un atalaya?

ES UNA TORRE ALTA DONDE SE PUEDE OBSERVAR Y AVISAR DEL PELIGRO.

Tal como nos dice en (**Ezequiel** *Cap. 3 versículo del 7 al 9).*
33:7 A ti, pues, hijo de hombre, te he puesto por atalaya a la casa de Israel, y oirás la palabra de mi boca, y los amonestarás de mi parte.
33:8 Cuando yo dijere al impío: Impío, de cierto morirás; si tú no hablares para que se guarde el impío de su camino, el impío morirá por su pecado, pero su sangre yo la demandaré de tu mano.
33:9 Y si tú avisares al impío de su camino para que se aparte de él, y él no se apartare de su camino, él morirá por su pecado, pero tú libraste tu vida.

- ❖ Alertaba y exhortaba del peligro de desviarse en falsas doctrinas.
- ❖ Cuida de la buena doctrina para los suyos, y es un buen ejemplo en todo.
- ❖ Velar y amonestar de noche y de día, de manera personal a cada uno.
- ❖ Hablar la verdad cueste lo que cueste, aunque te generes un montón de enemigos.

7º Confianza **ILIMITADA** nuestra suficiencia viene del Señor. Todos los recursos que tenemos vienen de Él. (**Hechos** *Cap. 20 versículo 32 y* **2ª de Corintios** *Cap. 2 versículo 16 2:16 a éstos ciertamente olor de muerte para muerte, y a aquéllos olor de vida para vida. Y para estas cosas, ¿quién es suficiente? Tal como dice la Escritura CONFIANZA tenemos en Cristo con Dios* (**2ª de Corintios** *Cap. 3 versículos 3 y 4).*

Nosotros no podemos limitar a Dios, con nuestros miedos y temores y sobre todo, nuestras dudas y eso hace que no se mueva la mano de Dios en nosotros y no podemos alcanzar todas las promesas que están en las Escrituras para nosotros.

HAY MAS DE 7.000 PROMESAS A ALCANZAR PARA NOSOTROS ¿no es eso algo extraordinario? ¿Entonces?, ¿qué es lo que hacemos?, limitar a Dios, cuando Él nos quiere dar y bendecir tanto. Porque sin FE es imposible agradar a Dios. Porque al tener miedo temor y duda es como si le estuviéramos diciendo al Señor mira no confió en ti... creo más a mis temores, mis miedos y mis dudas que en ti.

Tenemos que arrepentirnos y pedir perdón a Dios, por todas estas cosas que nos limitan y estancan y no avanzamos si no que retrocedemos en el propósito a alcanzar.

8º Concepto **dadivoso** (generoso con los demás).Ser líder involucra siempre dar más que recibir, es saber escuchar y delegar con amor y respeto en todo lo que tengamos que hacer. Somos un equipo no podemos hacerlo solos, todos formamos parte del cuerpo y cada uno tiene su función que se complementa con la de los demás. No busca lo suyo propio si no, lo del colectivo, lo que vaya mejor al grupo y trabajan juntos codo con codo para alcanzar la meta y el propósito.

CAPITULO 2

5 CARACTERÍSTICAS BÁSICAS DE LA MENTE NATURAL

1º Definición de la inteligencia natural.

Facultad de la mente, que permite aprender, razonar, tomar decisiones y formarse una determinada idea de la realidad. (Entendimiento e intelecto).

2º Definición de lógica.

Método o razonamiento en el que las ideas o sucesión de los hechos, que se manifiestan o se desarrollan de forma coherente y sin que haya contradicciones en ellos.

3º Definición de razón.

Es la facultad del ser humano de pensar, reflexionar, para llegar a una conclusión o formular juicios de una determinada situación o cosa. _La palabra razón viene del latín (Ratio-Rationis) que significa cálculo, razón o razonamiento.

4º Definición de imaginación.

Capacidad o facilidad para concebir ideas, proyectos o creaciones innovadoras, facultad humana para representar sucesos, historias o imágenes de cosas que no existen en la realidad o que son fueran reales, pero que no están presentes.

5º Definición de percepción.

Primer conocimiento de una cosa por medio de las impresiones que comunican los sentidos. Así dice el Señor: YO regalé la inteligencia al hombre, pero esta inteligencia, tiene que ser entregada al Señor, así como la lógica, la razón, la imaginación, la percepción.

Todos nuestros pensamientos, tienen que ser dirigidos a Dios, porque Él es quien nos gobierna y sabe perfectamente todo lo que nos conviene, porque quien domina tus pensamientos es quien dominara tu vida, y eso afectará a todas tus actuaciones y decisiones que adoptes.

CAPITULO 3

CARACTERÍSTICAS DE LA MENTE DE CRISTO

Para poder adquirir la mente de Cristo, tenemos que entregar a Dios lo citado anteriormente. Es a través de la renovación de nuestra mente, tal como nos dice en **romanos** "*Cap. 12 versículo 2"*. No os conforméis a este siglo, sino transformaos por medio de la renovación de vuestro entendimiento, para que comprobéis cuál sea la buena voluntad de Dios, agradable y perfecta. Somos transformados a la imagen de Dios, por la renovación de nuestra mente.

Somos transformados al quitar la basura de nuestro propio pensamiento y dejar actuar a la mente de Cristo, según la Escritura en **efesios** "*Cap. 4 versículos 22 al 24."4:22 En cuanto a la pasada manera de vivir, despojaos del viejo hombre, que está viciado conforme a los deseos engañosos, 4:23 y renovaos en el espíritu de vuestra mente, 4:24 y vestíos del nuevo hombre, creado según Dios en la justicia y santidad de la verdad.*

Tenemos que ser capaces de poner por obra estos versículos, para logra alcanzar la meta propuesta de cambio y transformación de nuestra mente y de nuestro pensamientos. La escritura nos lo dice bien claro lo que tenemos que hacer, pero este trabajo nos corresponde a nosotros.

Una mente cambiada y renovada, es la que ha hecho dos cosas: ha quitado todo pecado (pensamientos, emoción o deseo que no vienen de Dios) y dejar que actué la mente de Cristo en nosotros) RENOVAR significa cambiar una cosa por otra. Para poder entender mejor esto, vamos a hablar específicamente a cerca del proceso de la mente de Cristo en nosotros.

LAS 7 PARTES DEL PENSAMIENTO DEL ESPIRITU SANTO QUE CONFORMAN LA MENTE DE CRISTO.

El Espíritu Santo de Dios dice "**Isaías** *Cap. 11 versículo: 2"*
Y reposará sobre él el Espíritu de Jehová;

Punto 1 Espíritu de sabiduría
Punto 2 Espíritu Inteligencia, y (el libre albedrio)
Punto 3 Espíritu de consejo

Punto 4 Espíritu de poder,
Punto 5 Espíritu de conocimiento
Punto 6 Espíritu de temor de Jehová.
Punto 7 Y reposará sobre él el Espíritu de Jehová;

Hay 3 niveles de relación divina entre ellos.

1º PAR Nivel intelectual. Sabiduría –Inteligencia.

2º PAR Nivel práctico. Consejo – Poder.

3º PAR Nivel Divino. Conocimiento- Temor de Dios.

Y el que lo une todo, hasta llegar al número 7 es el ESPIRITU DE JEHOVA.

PUNTO 1º EL ESPIRITU DE JEHOVA

DESARROLLO BASICO

El Espíritu de Dios que Cristo recibió, esta descrito fundamentalmente como hemos dicho anteriormente, en **Isaías** *Cap. 11 versículo* 2 a través de 7cualidades: el Espíritu del Señor, seguido de 3 niveles (pares 2-2-2).

El primer par o primer nivel, tiene que ver con la vida intelectual.

El segundo par, con la vida práctica.

El tercer par con la relación con Dios y su conocimiento divino.

1º Espíritu de sabiduría. La sabiduría de Dios, su conocimiento secreto es como un misterio escondido que sólo puede ser revelado por el Espíritu de Dios.

"**Colosenses** *Cap. 2 versículos 2-3" 2:2 para que sean consolados sus corazones, unidos en amor, hasta alcanzar todas las riquezas de pleno entendimiento, a fin de conocer el misterio de Dios el Padre, y de Cristo, 2:3 en quien están escondidos todos los tesoros de la sabiduría y del conocimiento.*

El Espíritu de sabiduría, es simplemente todos los pensamientos sobrenaturales de Dios, que ya ha puesto en nuestros corazones, en nuestro nuevo nacimiento cuando nos arrepentimos y nos convertimos, cuando nacimos del agua y del espíritu.

"**Juan** *Cap. 3 versículos del 3 al 5." 3:3 Respondió Jesús y le dijo: De cierto, de cierto te digo, que el que no naciere de nuevo, no puede ver el reino de Dios. 3:4 Nicodemo le dijo: ¿Cómo puede un hombre nacer siendo viejo? ¿Puede acaso entrar por segunda vez en el vientre de su madre, y nacer? 3:5 Respondió Jesús: De cierto, de cierto te digo, que el que no naciere de agua y del Espíritu, no puede entrar en el reino de Dios.*

Así dice la Escritura, la Palabra de Dios. Su sabiduría es escrita y grabada en nuestros corazones en el momento en que creímos en EL. La sabiduría de Dios, es nuestro plan para vivir.

La sabiduría es la clave en "**proverbios** *Cap. 8 versículos del 12 al 14"* nos dice así *8:12 Yo, la sabiduría, habito con la cordura, Y hallo la ciencia de los consejos. 8:13 El temor de Jehová es aborrecer el mal; La soberbia y la arrogancia, el mal camino, Y la boca perversa, aborrezco. 8:14 Conmigo está el consejo y el buen juicio; Yo soy la inteligencia; mío es el poder.*

CONOCIENDO TU IDENTIDAD

Su sabiduría nos enseñara como entrar, salir, y discernir entre lo bueno y lo malo; en otras palabras, la sabiduría sólo es el primer paso al ENTENDIMIENTO Y LUEGO EL CONOCIMIENTO. Ejemplos en estos versículos:

1º Romanos Cap. 8 versículo 27.

2º 1ª de corintios Cap. 1 versículo 24.

3º Apocalipsis Cap. 1 versículo 4

4º proverbios Cap. 2 versículos del 1 al 5.

5º efesios Cap. 3 versículos del 17 al 19.

6º hebreos Cap. 8 versículo 10

7º 1ª de corintios Cap. 2 versículos del 6 al 11

8º 1ª de reyes Cap. 3 versículos del 7 al 9

9º proverbios Cap. 4 versículo 7

10º jeremías Cap. 15 versículo 16

PROCESO CONCEPTUAL DE NUESTRA MENTE.

Nuestras mentes, no son solo nuestro cerebro, pensamientos, intelecto razón, percepción, imaginación, inteligencia, sino todo un proceso conceptual (relativo al tema del que se habla). Que empieza con el espíritu que vive dentro nuestro ser y termina con las acciones de la vida que se producen en nuestras almas. En otras palabras nuestras mentes, no solo incluyen, la concepción o creación de una idea en nuestros corazones si no el cumplimiento en acciones en nuestras vidas.

MENTE DEL CREYENTE EMOCIONAL-ALMÀTICO

Vamos a desarrollar, la mente del tipo de creyente emocional-almático.

Este es un creyente que tiene el amor y pensamientos de Dios en su corazón, pero que ha decidido hacer las cosas a su manera y no a la manera de Dios y seguir sus propios deseos, se recrea en las heridas que le causaron, le dominan sus frustraciones, enojo, ira, culpa etc.

CONOCIENDO TU IDENTIDAD

Los pensamientos de Dios no fluyen y en su lugar, se producen las acciones egocéntricas. (La palabra egocéntrica significa que esa persona, se considera como el centro de atención de todo el mundo, su vida se rige, por su ego lo que ella quiere, piensa y siente.) Así que podemos ser cristianos de toda la vida, creer que tenemos comunión con Dios, y tenemos a Dios en nuestros corazones, pero seguimos tomando decisiones emocionales, hacer las cosas que nosotros queremos; ósea un evangelio a nuestra conveniencia. Porque decimos: es que dios tiene que entender.... todo el mundo lo hace. En lugar de lo que Dios nos muestra, en la Escritura lo que debemos hacer y lo que no. Entonces lo que hacemos es que la vida de Dios en nosotros se ahoga y se apaga y no da fruto, ni cambio, ni transformación y no se ve ninguna diferencia, entre nuestra vida y la de nuestros amigos, que ni siquiera conocen a Dios (seremos iguales que ellos) entonces,

¿Dónde está la MARCA DEL CRISTIANO? Somos cristianos de doble ánimo, como la onda del mar. El doble ánimo nos hace hipócritas, o falsos "**Tito** *Cap. 1 versículo 16".Profesan conocer a Dios, pero con los hechos lo niegan, siendo abominables y rebeldes, reprobados en cuanto a toda buena obra.*

CONOCIENDO TU IDENTIDAD

Dicen conocerlo íntimamente, pero con los hechos de su vida diaria, cómo se comportan según su criterio propio, sus acciones, niegan lo que hablan y hacen. Es un cristiano que está conformado a los deseos del mundo y no se da cuenta que está viviendo una farsa y una mentira. Se engaña a sí mismo y a los demás. En resumen SUS PALABRAS NO SON LAS MISMAS QUE SUS HECHOS. El doble ánimo es la estrategia del enemigo, para hacerte creer que eres un cristiano espiritual, lleno de comunión con Dios, pero la verdad llana es que NO LO ERES. Eso te convierte en un cristiano emocional y almático la vida de Dios en esa persona no puede fluir y por lo tanto quedara ahogada y no se producirá la VERDADERA NATURALEZA DE CRISTO EN NOSOTROS.

"(**Lucas** *Cap. 11 versículo 17)". Mas él, conociendo los pensamientos de ellos, les dijo: Todo reino dividido contra sí mismo, es asolado; y una casa dividida contra sí misma, cae.*

CONOCIENDO TU IDENTIDAD

Veamos un ejemplo el Rey David

El nombre de David significa el amado o el elegido de Dios. Y era conforme al corazón de Dios. "**1ª de Samuel** *Cap. 13 versículo 14" Jehová se ha buscado un varón conforme a su corazón, al cual Jehová ha designado para que sea príncipe sobre su pueblo.*

Teniendo en cuenta estos antecedentes, vemos las grandes cualidades que tenía el Rey David, incluso dice Dios que era CONFORME A SU CORAZÒN. ¿Entonces? ¿Qué paso? Pues que se dejó llevar y controlar por sus pensamientos y esos pensamientos lo llevaron a la acción, la cual como hemos visto fueron fatales para él.

En **2ª de Samuel** *Cap. 11* nos relata la Escritura, que el Rey David, estaba ocioso paseando por la terraza, en lugar de estar **EN LA BATALLA LUCHANDO** con su ejército, cuando vio a una mujer desnuda. *(11:2 Y sucedió un día, al caer la tarde, que se levantó David de su lecho y se paseaba sobre el terrado de la casa real; y vio desde el terrado a una mujer que se estaba bañando, la cual era muy hermosa.*

En lugar de capturar y desechar todo pensamiento de lujuria y de deseo en cuanto los tuvo, la emoción y la concupiscencia lo dominaron. El Rey David, permitió (ahí está la puerta que abrió al pecado) que lo dominaran y alimento sus deseos, en lugar de reprimirlos y huir, comportamiento NO SÓLO lo llevó al ADULTERIO sino que esa acción de pecado tuvo sus consecuencias SIEMPRE TRAE CONSECUENCIAS Y UNA DE ELLAS ES QUE EL PECADO ENGENDRA MUERTE ESPIRITUAL.

Y *Betsabé esposa de Urías Heteo quedó embarazada.11:3 Envió David a preguntar por aquella mujer, y le dijeron: Aquella es Betsabé hija de Eliam, mujer de Urías heteo. 11:4 Y envió David mensajeros, y la tomó; y vino a él, y él durmió con ella. Luego ella se purificó de su inmundicia, y se volvió a su casa. 11:5 Y concibió la mujer, y envió a hacerlo saber a David, diciendo: Estoy encinta.*

Y envió a Urías al frente de la batalla para que lo matasen.

2ª de Samuel *11:14 Venida la mañana, escribió David a Joab una carta, la cual envió por mano de Urías. 11:15 Y escribió en la carta, diciendo: Poned a Urías al frente, en lo más recio de la batalla, y retiraos de él, para que sea herido y muera.*

Posteriormente el Rey David se unió con Betsabé tal como nos muestra en **"2ª de Samuel** *Cap. 11" versículos 26 y 27. 11:26 Oyendo la mujer de Urías que su marido Urías era muerto, hizo duelo por su marido. 11:27 Y pasado el luto, envió David y la trajo a su casa; y fue ella su mujer, y le dio a luz un hijo. Más esto que David había hecho, fue desagradable ante los ojos de Jehová.*

La corrección le vino de mano del PROFETA NATÁN.

En "**2ª de Samuel** *Cap. 12 versículos del al versículo 11"* Relatándole una historia.... *12:1 Jehová envió a Natán a David; y viniendo a él, le dijo: Había dos hombres en una ciudad, el uno rico, y el otro pobre. 12:2 El rico tenía numerosas ovejas y vacas; 12:3 pero el pobre no tenía más que una sola corderito, que él había comprado y criado, y que había crecido con Él y con sus hijos juntamente, comiendo de su bocado y bebiendo de su vaso, y durmiendo en su seno; y la tenía como a una hija. 12:4 Y vino uno de camino al hombre rico; y éste no quiso tomar de sus ovejas y de sus vacas, para guisar para el caminante que había venido a él, sino que tomó la oveja de aquel hombre pobre, y la preparó para aquel que había venido a él. 12:5 Entonces se encendió el furor de David en gran manera contra aquel hombre, y dijo a Natán:*

Vive Jehová, que el que tal hizo es digno de muerte. 12:6 Y debe pagar la cordera con cuatro tantos, porque hizo tal cosa, y no tuvo misericordia. 12:7 Entonces dijo Natán a David: Tú eres aquel hombre. Así ha dicho Jehová, Dios de Israel: Yo te ungí por rey sobre Israel, y te libré de la mano de Saúl, 12:8 y te di la casa de tu señor, y las mujeres de tu señor en tu seno; además te di la casa de Israel y de Judá; y si Esto fuera poco, te habría añadido mucho más. 12:9 ¿Por qué, pues, tuviste en poco la palabra de Jehová, haciendo lo malo delante de sus ojos? A Urías heteo heriste a espada, y tomaste por mujer a su mujer, y a él lo mataste con la espada de los hijos de Amón. 12:10 Por lo cual ahora no se apartará jamás de tu casa la espada, por cuanto me menospreciaste, y tomaste la mujer de Urías heteo para que fuese tu mujer. 12:11 Así ha dicho Jehová: He aquí yo haré levantar el mal sobre ti de tu misma casa, y tomaré tus mujeres delante de tus ojos, y las daré a tu prójimo, el cual yacerá con tus mujeres a la vista del sol.

El pecado no quedo impune y fue castigado...

Conclusión: aunque era conforme al corazón de Dios le vino la tentación y sucumbió a ella.

"**Santiago** *Cap. 1 versículos 14 y 15 1:14" sino que cada uno es tentado, cuando de su propia concupiscencia es atraído y seducido.1:15 Entonces la concupiscencia, después que ha concebido, da a luz el pecado; y el pecado, siendo consumado, da a luz la muerte.*

Vemos que cada uno es responsable de sí mismo al permitir, que dé a luz el pecado y la muerte llevándonos a la SEPARACIÒN DE DIOS. Así que durante todo este tiempo, el Rey David vivió una mentira. Versículos a tener en cuenta: **Lucas** *Cap. 11 versículos 33 al 36* **salmo** *Cap. 119 versículo 70 y* **Isaías** *Cap. 59 versículo 10.* Así que la orden es transformaos y renovaos, no os conforméis a este siglo.

PUNTO 2º ESPÍRITU DE INTELIGENCIA

DEFINICIÓN

Es la iluminación personal de Dios para esos pensamientos. Nosotros tenemos ahora la sabiduría de Dios escritas en nuestros corazones, pero no necesariamente significa que tenemos el conocimiento (o inteligencia) de esa sabiduría.

CONOCIENDO TU IDENTIDAD

Él espíritu de inteligencia es el que abrirá nuestros ojos y nos dará clara la revelación sobrenatural que necesitamos, tal como nos dice en "**Proverbios** *Cap. 4 versículo 7" Sabiduría ante todo; adquiere sabiduría; Y sobre todas tus posesiones adquiere inteligencia.*

Pero ¿qué es la inteligencia? es simplemente la revelación sobrenatural de Dios, su comprensión secreta de Su Palabra. Inteligencia significa visión-comprensión o entendimiento de sabiduría. En otras palabras, es el que enciende, las luces en nosotros y lo podemos ver en el "**Salmo** *119 versículo 130" La exposición de tus palabras alumbra; Hace entender a los simples.*

Dependencia de Él. Nosotros nos encontramos con algo para lo que no tenemos ningún conocimiento sobrenatural. No hay forma ninguna de hacerlo por nosotros mismos. Al orar por la revelación de Dios eventualmente en el tiempo de Él y a su tiempo y manera se enciende la luz en nosotros, para su comprensión. Por eso hay personas que a menos que escriba inmediatamente lo que el Señor le está diciendo, NO LO RECUERDAN. Porque no somos nosotros sino ÈL en nosotros.

Él nos ha dado la revelación y comprensión a través del espíritu de inteligencia sobrenatural de Dios. No es algo que quede registrado en nuestra MENTE NATURAL...

El gran punto a debatir es...

¿De qué sirve la sabiduría, sin entenderla para poder explicarla y sobre todo ponerla por obra y ella actué y se active? la Escritura nos dice en "**salmo** *119 versículo 27" Hazme entender el camino de tus mandamientos, Para que medite en tus maravillas.* Así que el conocimiento de Dios viene a nosotros en su tiempo y a su manera y no a la nuestra, eso es algo que debemos tener muy en cuenta, para no entrar en la trampa de la frustración, porque no vemos cumplir las cosas que Dios nos ha dicho, pero la clave es ESPERAR EN ÉL Y ÉL HARA.

Reflexión a tener en cuenta.

El espíritu de Dios trabaja junto con su Palabra, para ayudarnos a entender un poco más claramente las cosas de Dios. También para ayudarnos a entendernos mejor a nosotros mismos, mostrándonos nuestras motivaciones reales y nuestros sentimientos.

PUNTO 3º ESPÍRITU DE CONSEJO

DEFINICIÓN: Es el conocimiento sobrenatural, de la voluntad de Dios para nuestras vidas individuales. En otras palabras, son las instrucciones personales de Dios, su dirección para ayudarnos a tomar buenas decisiones.

El Espíritu de consejo, se convierte, en algo personal porque nos ayuda y nos guía, nos dice lo que tenemos y lo que no tenemos que hacer, "**filipenses** *Cap. 2 versículo 13" es una promesa para nosotros.... porque Dios es el que en vosotros produce así el querer como el hacer, por Su buena voluntad.*

Significa que Dios está en nosotros, para hacernos saber Su voluntad, para cada situación particular de nuestra vida.

En "**proverbios** *Cap. 3 versículos 5 y 6" Fíate de Jehová de todo tu corazón, Y no te apoyes en tu propia prudencia. 3:6 Reconócelo en todos tus caminos, Y él enderezará tus veredas.* La parte más difícil, es no creernos que lo sabemos todo y no necesitamos consejo de nadie. En "**Isaías** *Cap. 30" versículo 1 dice ¡Ay de los hijos que se apartan, dice Jehová, para tomar consejo, y no de mí; para cobijarse con cubierta, y no de mi espíritu, añadiendo pecado a pecado!*

Él conoce nuestro, pasado, presente y futuro.

El espíritu de Dios es el único que puede cambiarnos desde adentro y asegurarnos que podemos tener un cambio duradero permanente. Decidimos por Fe quitarnos lo Viejo y entonces Dios pone lo Nuevo en nosotros.

PUNTO 4º ESPÍRITU DE PODER O ESPÍRITU DE FUERZA

DEFINICIÓN: La capacidad del Espíritu de poder o de fuerza va mano a mano con el consejo sobrenatural de Dios.

En "**filipenses** *Cap. 2 versículo 13" reafirma esta afirmación porque dice que Dios es el que hace y produce en nosotros el querer, aconsejarnos cuál es su voluntad dándonos su poder y habilidad de cumplir esa voluntad en nuestras vidas.*

¿De qué sirve conocer cuál es la voluntad de Dios, si no tenemos el poder y la fuerza para cumplirla? El Espíritu de poder es la habilidad sobrenatural de Dios, para hacer nuestro lo que nos ha aconsejado y cumplirlo en nosotros.

Así de esta forma se cumple el versículo en "**Jeremías** *Cap. 9 versículos 23 y 24". Así dijo Jehová: No se alabe el sabio en su sabiduría, ni en su valentía se alabe el valiente, ni el rico se alabe en sus riquezas. 9:24 Más alábese en esto el que se hubiere de alabar: en entenderme y conocerme, que yo soy Jehová, que hago misericordia, juicio y justicia en la tierra; porque estas cosas quiero, dice Jehová.* Dios no necesita las habilidades o fortaleza naturales de ninguno de nosotros para ayudarlo. Porque el Señor nos recuerda QUE SIN EL NADA PODEMOS HACER. No es con nuestra fuerza nos dice el Profeta en "**Zacarías** *Cap. 4 versículo 6" Entonces respondió y me habló diciendo: Esta es palabra de Jehová a Zorobabel, que dice: No con ejército, ni con fuerza, sino con mi Espíritu, ha dicho Jehová de los ejércitos.* La fuerza de Dios en nosotros existe solamente cuando somos vasijas abiertas y dispuestas a ceder permitiendo libremente que la vida de Dios fluya desde nuestros corazones.

"**2ª de corintios** *Cap. 12 versículo 9" Y me ha dicho: Bástate mi gracia; porque mi poder se perfecciona en la debilidad. Por tanto, de buena gana me gloriaré más bien en mis debilidades, para que repose sobre mí el poder de Cristo.*

EL LIBRE ALBEDRIO

DEFINICIÓN: El libre albedrio, es la potestad que el ser humano tiene de obrar según considere o elija. Tenemos la libertad de tomar nuestras propias decisiones sin presiones o limitaciones. Según La Escritura el libre albedrio dado por Dios es la facultad del hombre para ser independiente en sus decisiones sean buenas o malas.

Hay muchos pasajes bíblicos que nos ayudan a entender este concepto. (**Génesis** *Cap. 2 versículo 17.* **Deuteronomio** *Cap. 30 versículo 19.* **Josué** *Cap. 24 versículo 2.* **Jueces** *Cap. 10 versículo 14.* **Y salmos** *Cap. 25 versículo 12).*

Tenemos el libre albedrio para seguir lo que Dios nos ha aconsejado por el Espíritu de consejo y confiar en que su Espíritu de poder, cumplirá su voluntad en nosotros, o tenemos el libre albedrio para hacer lo que sentimos, pensamos y deseamos; hablando más claro, hacer Nuestra propia Voluntad, cumplirla en nuestras propias fuerzas. Yo creo firmemente que los creyentes nacidos de nuevo son los únicos que realmente tienen libre albedrio.

CONOCIENDO TU IDENTIDAD

Los cristianos tenemos la autoridad y el poder de Dios para decidir algo diferente de lo que pensamos, sentimos, porque tenemos otra fuente de poder dentro de nosotros para hacer algo diferente.

Así que no tenemos que dejarnos llevar por la emoción porque tenemos al Espíritu Santo dentro de nosotros para dominio propio de nuestras emociones.

(**2ª De Timoteo** *1:7 Porque no nos ha dado Dios espíritu de cobardía, sino de poder, de amor y de dominio propio.)* Él cambia todo lo negativo en nosotros, lo que pensamos y hacemos.

Él Espíritu de Dios nos ayuda a corregir todo lo que esta Torcido en nuestras vidas para que cambiemos y maduremos (**Isaías** *Cap. 45 versículo 2 Yo iré delante de ti, y enderezaré los lugares torcidos; quebrantaré puertas de bronce, y cerrojos de hierro haré pedazos;).*

PUNTO 5º ESPÍRITU DE CONOCIMIENTO

DEFINICIÓN: El conocimiento de Dios se fundamenta, en la plena comunión con El y el vivir continuamente en Su presencia de una manera intima.

Hay dos formas de conocer a Dios

1º Conocimiento íntimo, a través de la comunión con Él.

2º Conocer a Cristo como nuestro Salvador. Por conocimiento inicial, por la carne y sentimientos, emociones, que son las que predominan y no por el Espíritu.

*En "***Oseas*** Cap. 4 versículo 6" la escritura nos advierte Mi pueblo fue destruido, porque le faltó conocimiento. Por cuanto desechaste el conocimiento, yo te echaré del Sacerdocio; y porque olvidaste la ley de tu Dios, también yo me olvidaré de tus hijos.*

Pueblo murió a causa de su falta de conocimiento. El temor y la duda cubren sus corazones, se amargan y culpan a Dios, en lugar de buscar la comunión verdadera con ÈL.

CONOCIENDO TU IDENTIDAD

Es duro y difícil confiar en Dios, sobre todo en medio de las pruebas que muchas veces no entendemos, y estamos pasando por tiempos difíciles, y Dios nos quiere enseñar a través de todas estas circunstancias a CAMINAR POR FE. Que seamos capaces de decir como "**Job** *Cap. 13 versículo 15" He aquí, aunque él me matare, en él esperaré; No obstante, defenderé delante de él mis caminos.*

Esta escritura toma un gran significado para nosotros, quiere que lo veamos a EL para todo, no sólo en las cosas externas, como trabajo, casa, familia, amigos, etc., no también en las cosas internas como identidad, testimonio, confianza, ÉL quiere de nosotros todo nuestro SER.

Tenemos que vivir lo que nos habla en "**2ª de corintios** *Cap. 4 versículos 8 al 11." 4:8 que estamos atribulados en todo, mas no angustiados; en apuros, mas no desesperados; 4:9 perseguidos, mas no desamparados; derribados, pero no destruidos; 4:10 llevando en el cuerpo siempre por todas partes la muerte de Jesús, para que también la vida de Jesús se manifieste en nuestros cuerpos. 4:11 Porque nosotros que vivimos, siempre estamos entregados a muerte por causa de Jesús, para que también la vida de Jesús se manifieste en nuestra carne mortal.*

CONOCIENDO TU IDENTIDAD

Tenemos que abandonarnos totalmente a ÈL sin que nos importe lo que pase, entonces nos daremos cuenta, de cuanto nos ama Dios, y veremos su huella en nosotros En el día a día.

Tener la certeza de que Dios nos ama, es lo único que nos dará la confianza para seguir rindiendo nuestras vidas a ÈL, asegurándonos, la intimidad con Dios que todos deseamos y anhelamos.

*En "***proverbios** *Cap. 3 Versículos 19 y 20", nos enseña. 3:19 Jehová con sabiduría fundó la tierra; Afirmó los cielos con inteligencia. 3:20 Con su ciencia los abismos fueron divididos, Y destilan rocío los cielos.*

Vemos la grandeza de Dios en todo su esplendor, mostrándonos su omnipotencia, su omnisciencia y omnipresencia.

Conclusión

Conociendo íntimamente a Dios

Lo podamos entender en toda su profundidad, en "**Mateo** *Cap. 22 versículo 37", cuando Jesús le dijo: Amarás al Señor tu Dios con todo tu corazón, y con toda tu alma, y con toda tu mente.*

Estar tan unidos a EL que nos volvamos UNO con ÉL, Conocerlo íntimamente, significa que podemos ver su rostro lleno de amor en todas las situaciones de nuestra vida.

Ejemplos nos da la Escritura para que podamos aprender, en "**Job** *Cap. 42 versículo 5" De oídas te había oído; Mas ahora mis ojos te ven.* Mis ojos te ven un conocimiento más íntimo y personal, así que el propósito a alcanzar es... el conocimiento profundo de ÉL como Dios del Universo no tan sólo como nuestro Salvador, Señor, Dueño, Amigo, Consejero sino como nuestra propia vida. Y podamos decir PARA MI EL VIVIR ES CRISTO. **"Filipenses** *Cap. 1 versículo 21" Porque para mí el vivir es Cristo, y el morir es ganancia.* El conocimiento íntimo de Cristo, es el clímax de nuestra relación con ÈL. Finalmente hemos soltado nuestra propia vida y la hemos llenado de ÉL.

CONOCIENDO TU IDENTIDAD

"**Filipenses** *Cap. 3 versículo 8" Y ciertamente, aun estimo todas las cosas como pérdida por la excelencia del conocimiento de Cristo Jesús, mi Señor, por amor del cual lo he perdido todo, y lo tengo por basura, para ganar a Cristo,*

Muchas veces para poder ganar tenemos que perder. No siempre las pérdidas son lo que parece, sino que ganamos, Lo que nosotros podamos llegar a tener tiene que carecer de importancia, porque lo único que vale la pena es lo que VIENE DE ÉL.

Lo cual no perece sino que permanece para siempre. Y para terminar vemos en "**proverbios** *Cap. 24 versículos 3 y 4" promete que con* ***SABIDURIA*** *se edificara la casa y con* ***PRUDENCIA*** *se afirmara y con* ***CIENCIA*** *se llenaran las cámaras de todo bien preciado y agradable, en estos versículos si los aplicamos a nuestro diario vivir, las cosas cambiarían de una forma espectacular y grandiosa...*

PUNTO 6º EL TEMOR DE JEHOVÁ

DEFINICIÓN Significa una admiración reverente y permanente por QUIÉN ES DIOS y odiar el pecado en todas sus formas.

Eso es en esencia el temor de DIOS. Pero vamos a estudiarlo más ampliamente. En "**Isaías** *Cap. 11 versículo 3" nos dice así la Escritura Y le hará entender diligente en el temor de Jehová. No juzgará según la vista de sus ojos, ni argüirá por lo que oigan sus oídos;* la mente de Cristo en nosotros es la habilidad de caminar en el temor de jehová y no en el del hombre. No podemos conocer a Dios a menos que odiemos al pecado y nos Arrepintamos.

Así que conocer íntimamente a Dios y caminar en su TEMOR deben ir de la mano ósea juntamente. "**En proverbios** *Cap. 2 Versículos del 2 al 5 nos dice" 2:1 Hijo mío, si* ***recibieres mis palabras,*** *Y* ***mis mandamientos guardares dentro de ti,*** *2:2 Haciendo estar atento* ***tu oído a la sabiduría;*** *Si* ***inclinares tu corazón a la prudencia,*** *2:3 Si* ***clamares a la inteligencia,*** *Y a la* ***prudencia dieres tu voz;*** *2:4 Si como a la* ***plata la buscares,*** *Y* ***la escudriñares como a tesoros,***

2:5 ENTONCES ENTENDERÁS EL TEMOR DE JEHOVÁ, Y HALLARÁS EL CONOCIMIENTO DE DIOS.

Tener temor de Jehová no significa tenerle miedo a Dios, sino caminar, hablar y actuar en la relación íntima que tenemos con ÉL. El temor de Jehová es preocuparse más por lo de Dios

EL CRISTIANO GENUINO

Una persona que camina en el temor de Jehová es alguien que vive en la verdad y en el amor de Dios, cuyas palabras y hechos son consecuentes.

¿Entonces cual es el verdadero problema?

LA IGNORANCIA

No podemos ser transformados a menos que entendamos como renovar nuestras mentes. La ignorancia es realmente la razón por la que muchos de nosotros nos volvemos hipócritas. Tenemos que dejar al Señor entrar en lo más profundo de nuestro ser, para que pueda sanar nuestras vidas, en todas las áreas, Espíritu, Alma y Cuerpo.

Dejemos a Dios, que nos libere, para poder vivir la verdad. SU VERDAD y no la nuestra.

Caminar en el Temor de Jehová, no significa que somos perfectos o sin pecado, todo lo contrario.

Podemos ser "cristianos" durante años y nuestra vida ser tan fea y estéril como el día que supuestamente nos convertimos, tenemos.

Que matar la vieja naturaleza en nosotros, y que fluya y gobierne la nueva en Cristo, tú tienes que MENGUAR para que Él crezca, ENTONCES Él vivirá en ti.

DESARROLLO AMPLIO DEL PUNTO MÁS IMPORTANTE DE TODOS.

PUNTO 7 EL ESPIRITU DE JEHOVA

En "**1ª de corintios** *cap.6 versículo 17" Pero el que se une al Señor,* ***un espíritu es con él.*** Sin embargo se nos advierte en "**romanos** *cap. 8 versículo 9" Mas vosotros no vivís según la carne, sino según el Espíritu, si es que El Espíritu de Dios mora en vosotros.*

Y si alguno no tiene el Espíritu de Cristo, no es de él. En "**proverbios** cap. 20 versículo 27" nos dice *Tú encenderás mi lámpara; Jehová mi Dios alumbrará mis tinieblas.* El espíritu o la lámpara que están unida al Espíritu de Dios debe estar encendida y en el **Salmo** *cap. 18 versículo 28,* nos dice que Dios es el único que puede encender nuestra lámpara. Entonces el Espíritu de Jehová es la fuente de energía, la fuente de poder y de luz en nuestras vidas. Sin el Espíritu de Dios en nuestros corazones no tendremos el (amor "ágape de Dios") ni la mente de Cristo.

En "**2ª de corintios** *cap. 4 versículo 6" Porque Dios, que mandó que de las tinieblas resplandeciese la luz, es el que resplandeció en nuestros corazones, para iluminación del conocimiento de la gloria de Dios en la faz de Jesucristo.*

Para darnos iluminación del conocimiento (revelación) de la Gloria de Dios. Nuestra meta es mostrar la vida de Cristo en nosotros. No es aprender tener el conocimiento cerebral, sino mostrar la Vida de Cristo en nosotros"**1ª de Timoteo** *cap. 1 versículo 5" Pues el propósito de este mandamiento es el amor nacido de corazón limpio, y de buena conciencia, y de fe no fingida.*

EL MINISTERIO DEL ESPÍRITU SANTO

Repasemos brevemente las variadas formas en que el Espíritu Santo nos ministra. Es importante que entendamos como el Espíritu Santo, trabaja **CON** nosotros, **VIENE** a nosotros antes de que podamos entender como ÉL nos llena diariamente y manifiesta su amor y mente a través de nosotros.

1ª antes de que le pertenezcamos a Dios y de que le pidamos que entre en nuestros corazones, EL ESPIRITU DE JEHOVA viene a nuestro lado y trabaja **CON** nosotros **(PARA)** guiarnos y dirigirnos a Cristo. Él nos convence de Pecado de Justicia y de Juicio, y nos revela que Cristo es la respuesta.

"**Juan** *cap. 16 versículos del 8 al 11" 6:8 Y cuando él venga, convencerá al mundo de pecado, de justicia y de juicio. 16:9 De pecado, por cuanto no creen en mí; 16:10 de justicia, por cuanto voy al Padre, y no me veréis más; 16:11 y de juicio, por cuanto el príncipe de este mundo ha sido ya juzgado.*

2ª en el momento que le pedimos a Jesucristo que sea nuestro Salvador, el Espíritu Santo entra **(EN)** nuestros corazones **(PARA)** vivir permanentemente. Este es el momento en que el Espíritu de Dios se convierte en la Fuente de poder y de energía o luz interna en nuestras vidas.

3ª Después de que el Espíritu de Dios **(ENTRA)** en nosotros, se necesita un tiempo inicial, en el cual Él va trabajando en nuestros corazones, para que nuestras vidas reciban el poder, para poder realizar el propósito al cual hemos sido llamados.

En **hechos** *cap. 1 versículo 8 dice: pero recibiréis poder, cuando haya venido sobre vosotros el Espíritu Santo, y me seréis testigos en Jerusalén, en toda Judea, en Samaria, y hasta lo último de la tierra. Y en el cap. 2 del libro de los hechos.*

Sin embargo este **(LLENAR)** continuo de nuestras almas por el Espíritu Santo depende de nuestras propias decisiones, hechas día a día. En otras palabras, es nuestra propia responsabilidad mantenernos como (VASOS) abiertos, limpios y rendidos para que el Espíritu de Dios, desde nuestros corazones, nos llene continuamente.

CONCLUSIÓN

El Espíritu Santo trabaja con nosotros **(PARA)** llevarnos a Cristo.

Viene **(DENTRO)** y **(EN)** nosotros para vivir permanentemente.

Viene **(SOBRE)** y **(ENCIMA)** de nosotros para darnos **(PODER)** sobrenatural, para **SER** testigos de ÉL. Continuamente nos **(LLENA)** Para que la VIDA de Dios continúe fluyendo de nuestros corazones a nuestras vidas.

Por lo tanto: Nacido de Nuevo, Bautismo del Espíritu Santo, Llenura continua del Espíritu Santo, Unción igual a fluir especial del Espíritu Santo, para un propósito determinado es Fuente de Agua.

Para poder explicar esta LLENURA continuada del Espíritu Santo nos vamos a la Escritura para poder verlo claramente.

El Espíritu de Dios es a menudo comparado con "UNA FUENTE DE AGUA" (POZO) de agua fluyendo de nosotros.

Ahora bien, este agua viva, empieza en la parte más profunda de nuestros corazones, donde el Espíritu de Dios **(BROTA)** dentro de nosotros hasta rebosar.

"**Juan** *cap. 4 versículo 14" Mas el que bebiere del agua que yo le daré, no tendrá sed jamás; sino que el agua que yo le daré será en él una fuente de agua que salte para vida eterna.*

CAPÍTULO 4

LO QUE NOS RODEA FORJAN NUESTRA PERSONALIDAD.

Nuestro entorno CULTURAL, SOCIAL, FAMILIAR.

(Lo que marca el Mundo Natural al Mundo Espiritual).

BOSQUEJO

PUNTO 1º Generaciones Anteriores. (NACIMIENTO).

PUNTO 2º Infancia. Y Adolescencia.

PUNTO 3º Madurez

PUNTO 4º Vejez.

Vamos a desarrollar este bosquejo.

PUNTO 1º GENERACIONES IGUAL A NACIMIENTO.

Ejemplo **NOE** varón justo sin defecto en su generación.

"**Génesis** *cap. 6 versículo 9 y 10" Estas son las generaciones de Noé: Noé, varón justo, era perfecto en sus generaciones; con Dios caminó Noé. 6:10 Y engendró Noé tres hijos: a Sem, a Cam y a Jafet.*

ÁRBOL GENEALÓGICO 4 GENERACIONES.

1º 2 Padres.

2º 4 Abuelos.

3º 8 Bisabuelos

4º 16 Tatarabuelos

30 Antepasados en total. De los cuales se derivan posiblemente maldiciones o actitudes que nos irán marcando.

En el "Cap. 28 de **Deuteronomio** *" en la parte Segunda "relata ampliamente las consecuencias de las maldiciones, siempre ligadas a la desobediencia. (Ver el capítulo con detenimiento.).*

Ejemplo

Dios prohibió la Idolatría bajo la pena de **MALDICION** y que iba a pasar hasta la 3ª y 4ª generación. "**(éxodo** *cap. 34 versículo 7)*" supongamos que un hombre comete el pecado de **IDOLATRIA** (que incluye lo oculto que no somos conscientes que no conocemos, pero que existen y están, además.

Vemos también, 3 hijos cada uno eso nos eleva a la cantidad de 40 descendientes estarán bajo maldiciones o actitudes.

Pero la misericordia de Dios, sin embargo nos dice "que llegara el tiempo que Dios mismo escribiría **SU LEY** en nuestros corazones y que todo hombre sería responsable de sus propios pecados.

"**Jeremías** *cap. 31 versículos 30 y 33)" sino que cada cual morirá por su propia maldad; Pero este es el pacto que haré con la casa de Israel después de aquellos días, dice Jehová: Daré mi ley en su mente, y la escribiré en su corazón; y yo seré a ellos por Dios, y ellos me serán por pueblo.*

Este nuevo pacto, es la **GRACIA** provista por nuestro Señor Jesucristo, cuando vertió su sangre por la humanidad. **LA GRACIA** no significa que una maldición o actitud ya no vuelve a pasar a las generaciones siguientes. Por medio de la Muerte Redentora de Dios, ha provisto un remedio para la maldición.

CRISTO nos redimió de la maldición de la **LEY** y fue hecho por nosotros maldición "**Gálatas** *cap.3 versículo 13" Cristo nos redimió de la maldición de la ley, hecho por nosotros maldición (porque está escrito: Maldito todo el Que es colgado en un madero).*

Cualquier persona que tenga evidencia de maldiciones o actitudes que obren en tu vida tiene que:

CONOCIENDO TU IDENTIDAD

1º Debe confesar sus propios pecados, los (conocidos y desconocidos) "**salmo** *cap. 19 versículo 12 "¿Quién podrá entender sus propios errores? Líbrame de los que me son ocultos.*

2º los efectos de las maldiciones o actitudes no son otra cosa que parte de las obras del diablo que Jesús vino a destruir.

"**1ª de Juan** *cap. 3 versículo 8" El que practica el pecado es del diablo; porque el diablo peca desde el principio. Para esto apareció el Hijo de Dios, para deshacer las obras del diablo.*

3º los demonios han perpetuado maldiciones que ahora, se pueden echar fuera y cancelar.

4º nosotros tenemos el deber de:

Examinarnos a nosotros mismos y ver lo que hay en nosotros (confesar).

Pedirle al Espíritu Santo que nos revele, los pecados antiguos de generaciones anteriores.

Somos nosotros los que tenemos que: **RECONOCER-ATAR-DESATAR-DESECHAR,** todo lo que el enemigo ha traído a nuestras vidas de lo dicho anteriormente.

Si bien es cierto que cada uno, individualmente da cuentas a Dios de su propio **PECADO**, pero también es verdad que nos corresponde a nosotros, rechazar, atar desechar y cancelar todo aquello que hemos ido recibiendo de nuestros antepasados. Esto no es algo que se debe de tomar a la ligera, sino que, es algo muy **SERIO** que si no lo hacemos y cortamos de **RAIZ**, todo seguirá marcando nuestras futuras generaciones.

Satanás ha venido a **ROBAR - MATAR Y DESTRUIR** nuestras almas y la de todos los nuestros. Así que ya sabemos lo que tenemos que hacer. Y si **NO** lo hacemos seremos responsables.

PUNTO 2º INFANCIA Y ADOLESCENCIA -DEFINICION

Primer periodo de la vida de una persona, comprendido entre el nacimiento y el principio de la adolescencia.

Ejemplo. La infancia de Jesús. "**Lucas** *cap. 2 versículo 40" Y el niño crecía y se fortalecía, y se llenaba de sabiduría; y la gracia de Dios era sobre él.*

VEMOS 2 FACETAS DEL CRECIMIENTO DE JESÚS.

1º la física (crecía en estatura y se fortalecía en cuerpo).

2º la espiritual (siendo llenado de la **sabiduría** y de **gracia** de Dios).

3º esto nos enseña, que todo niño debe crecer física y espiritualmente.

4º fue enseñado en conocimiento en todas las leyes judías.

Esto es bíblicamente una pincelada de lo que tenemos que hacer con nuestros hijos.

Pero ahora vamos a hablar de lo que sucede en nuestra vida en la infancia, y la adolescencia, que **MARCARÁN** nuestra vida de adultos a través de la cultura de cada uno en el entorno Social y Familiar. Las diferentes culturas marcan también nuestra Personalidad y Carácter.

CONOCIENDO TU IDENTIDAD

LA ESCRITURA nos muestra, como debemos actuar y como debemos hacer, para criar a nuestros hijos en Dios.

"**Proverbios** *cap. 22 versículo 6 "nos dice: Instruye al niño en su camino, Y aun cuando fuere viejo no se apartará de él.*

Nuestro deber como padres es cumplir y poner por obra este versículo. Pero hay que tener en cuenta la importancia de lo cultural y social y sobre todo familiar. El ambiente familiar influye de manera decisiva en nuestra Personalidad, las relaciones entre los miembros de la casa determinan, afectos, actitudes, y forma de ser, que el niño va asimilando desde que nace.

Por esta causa en estos tiempos que corren, que todo hay que hacerlo al momento y que todo es instantáneo y que no tenemos tiempo, debemos dedicarle tiempo y esfuerzo a nuestra familia. El ambiente familiar en el que se vive es básico y fundamental para el futuro desarrollo del niño.

Si el niño crece en un ambiente conflictivo físicamente y verbalmente, esos niños estarán marcados, por esos acontecimientos y su futura Personalidad será retraída y conflictiva.

CONOCIENDO TU IDENTIDAD

Vemos algunos versículos bíblicos acerca de los consejos que nos da El Espíritu Santo, para criar y enseñar a nuestros hijos para que su futura personalidad y carácter sean fructíferos.

"**Isaías** *cap. 54 versículo 13 Y todos tus hijos serán enseñados por Jehová; y se multiplicará la paz de tus hijos* **2ª de Timoteo** *cap. 3 versículos 14 y 15 Pero persiste tú en lo que has aprendido y te persuadiste, sabiendo de quién has aprendido; y que desde la niñez has sabido las Sagradas Escrituras, las cuales te pueden hacer sabio para la salvación por la fe que es en Cristo Jesús.* **Proverbios** *9 versículo 17 Corrige a tu hijo, y te dará descanso, Y dará alegría a tu alma.*

El ambiente Cultural es algo importante y básico, para formación de la personalidad. Pero ¿QUE es la CULTURA? Es el conjunto de ideas, tradiciones y costumbres de cada Pueblo o Nación y clase Social. Pero lo que verdaderamente nos importa, es que cuando **NOSOTROS** nos **CONVERTIMOS A CRISTO**, pasamos a formar parte de la familia de Cristo; no importa ni la cultura, ni la raza. Todos somos iguales ante Dios.

El no hace acepción de personas" (**hechos** *cap. 10 versículo 34)" Entonces Pedro, abriendo la boca, dijo: En verdad comprendo que Dios no hace acepción de personas.*

Así que vamos a ver cómo tiene que ser la Cultura cristiana en nosotros. Formas, actitudes, pensamientos etc.

PUNTO 3º LA MADUREZ

CARACTERISTICAS DE UN VERDADERO CRISTIANO

Ejemplo tenemos en el Apóstol Pablo en "**1ª de corintios** *cap. 2 versículos 2-4-5" 2:2 Pues me propuse no saber entre vosotros cosa alguna sino a Jesucristo, y a éste crucificado ,2:4 y ni mi palabra ni mi predicación fue con palabras persuasivas de humana sabiduría, sino con demostración del Espíritu y de poder, 2:5 para que vuestra fe no esté fundada en la sabiduría de los hombres, sino en el poder de Dios.*

Jesús testimonio verdadero, ejemplo de Santidad, Obediencia, Manso, Humilde, Recto, Perfecto, Integro, tal como nos dice LA ESCRITURA en: "**Juan** *cap. 13 versículos 14-15-16" 13:14 Pues si yo, el Señor y el Maestro, he lavado vuestros pies, vosotros también debéis lavaros los pies los unos a los* *otros. 13:15 Porque ejemplo os he dado, para que como yo os he hecho, vosotros también hagáis. "1ª de Pedro Cap. 2 versículo 21" Pues para esto fuisteis llamados; porque también Cristo padeció por nosotros, dejándonos ejemplo, para que sigáis sus pisadas;*

Ya somos diferentes, ya no nos dejamos llevar, por lo de antes, sino que somos cambiados y transformados a **IMAGEN Y SEMEJANZA DEL MAESTRO.**

Vamos a ver algunos **RASGOS**, en general, de la madurez. Templanza, fortaleza, Paciencia, Constancia, Sinceridad, Prudencia, Generosidad, Piensa Y Actúa por sí mismo, es Coherente y Convincente evitando Contradicciones.

¿Qué es lo que nos dice LA ESCRITURA de la madurez del cristiano? "**Efesios** *cap. 4 versículo 13" hasta que todos lleguemos a la unidad de la fe y del conocimiento del Hijo de Dios, a un varón perfecto, a la medida de la estatura de la plenitud de Cristo.*

Está bien claro: debe crecer y madurar espiritualmente como el bebé que crece, hasta llegar a adulto. Pero, ¿cómo saber si una persona es un cristiano maduro?

CONOCIENDO TU IDENTIDAD

¿Cómo se puede medir la madurez espiritual? ¿Cómo saber si hemos crecido espiritualmente? ¿Cómo distinguir a un creyente inmaduro? Estas son muchas preguntas, y tenemos que ir la **FUENTE** de las **FUENTES** que es LA ESCRITURA y ahí vamos a encontrar las respuestas que necesitamos, para poder evaluarnos a nosotros mismos y ver realmente en que condición estamos. Tal como hemos dicho anteriormente encontramos una gran cantidad de referencias de como una persona es espiritual.

ANTIGUO TESTAMENTO

El testimonio de los Patriarcas y de los Profetas nos deja un claro ejemplo de Hombres y Mujeres de Carácter divino.

NUEVO TESTAMENTO

Los Evangelios, el Libro de los Hechos, y las Epístolas nos relatan muchas formas de los rasgos de una persona madura.

Vemos una breve referencia sobre este tema.

"**1ª de corintios** *cap. 13 versículo 11" Cuando yo era niño, hablaba como niño, pensaba como niño, juzgaba como niño; más cuando ya fui hombre, dejé lo que era de niño.*

Escudriñando este versículo vemos que hay tres formas de ver la madurez que nos relata.

1º la forma como hablamos. (Hablaba como niño).

Es importante porque lo que dice un cristiano con sus labios, es lo que emana de su corazón, tal como nos dice

En "**Lucas** *cap. 16 versículo 15" Entonces les dijo: Vosotros sois los que os justificáis a vosotros mismos delante de los hombres; mas Dios conoce vuestros corazones; porque lo que los hombres tienen por sublime, delante de Dios es abominación.*

Porque lo que marca de los dichos de nuestra boca, lo que expresamos y lo que declaramos, tiene poder y autoridad.

Cuándo nos quejamos, murmuramos y criticamos a otros cristianos, cuando nuestro **EGO** es exaltado y nos llenamos de arrogancia, llegamos a la conclusión inevitable: es un **NIÑO** espiritual, sus palabras y sus hechos lo demuestran y así se hace evidente su **INMADUREZ**

2º Lo que pensamos. (Pensaba como niño).

Ejemplo nos da el Rey Salomón en "**proverbios** *cap. 23 versículo 7 "Porque cuál es su pensamiento en su corazón, tal es él. Come y bebe, te dirá;* Nos enseña que el hombre es como piensa. ¿Quién domina tus pensamientos? Dependiendo de quien, (Dios, tu carne, o satanás) revelara tu **CARÁCTER INTERNO.**

Como hemos dicho anteriormente, cuando nuestros pensamientos son gobernados y contradicen.

LA PALABRA de Dios, somos egoístas en lo material, y lo pasajero, lo del mundo nos atrae, entonces estamos siendo inmaduros, porque pensamos como **NIÑOS** todavía y no hemos sido capaces de alcanzar la madurez.

3º Lo que juzgamos. (Juzgaba como niño).

Toda nuestra **CONDUCTA** es característica de los RASGOS de un NIÑO.

Un niño, llora por cualquier cosa, siempre quiere tener razón en todo no adquiere responsabilidades, son el centro de atención, no quiere compartir, es egoísta. Viendo estas referencias mencionadas, podemos ver, que un **NIÑO ESPIRITUAL** siempre se está quejando, y es dependiente de otras personas, incapaz de hacer algo bien por sí mismo. No adquiere compromiso, es superficial, no asume sus acciones, es irresponsable, demandando atención constante hacia su persona, el que más sufre y al que le suceden todas las cosas sin tener ninguna culpa sino que la tienen los demás de todo lo que le pasa.

De todas formas, aunque esto son evidencias claras de un cristiano, que se comporta como un niño (inmadurez), podemos hacer nuestras, algunas verdades y hacerlas parte de nuestro vivir diario, para que nos ayuden a crecer, hablar vida, palabras de bendición y de edificación, para ir dejando lo que es de niño, como nos dice el Apóstol Pablo.

La clave es que debemos dominar nuestros pensamientos en lo que le agrada a Dios y ejercitar cada día, las cualidades de una persona adulta. Nosotros podemos

DECIDIR (EL LIBRE ALBEDRIO QUE NOS HA DADO DIOS) CRECER Y MADURAR o también quedarnos como **NIÑOS ESPIRITUALES QUEJÁNDONOS POR TODO.**

La madurez requiere y demanda de nosotros, Esfuerzo, Dedicación, Entrega, Perseverancia, Decisión y sobre todo **acción.**

Estamos llamados a dejar las obras de la **CARNE (NUESTRO YO)** para que podamos dar los **FRUTOS DEL ESPIRITU.**

En "**gálatas** *cap. 5 versículos del 19 al 26 "nos dice:*

Obras de la carne

5:19 Y manifiestas son las obras de la carne, que son: adulterio, fornicación, inmundicia, lascivia, 5:20 idolatría, hechicerías, enemistades, pleitos, celos, iras, contiendas, disensiones, herejías, 5:21 envidias, homicidios, borracheras, orgías, y cosas semejantes a estas; acerca de las cuales os amonesto, como ya os lo he dicho antes, que los que practican tales cosas no heredarán el reino de Dios.

Frutos del Espíritu.

5:22 Mas el fruto del Espíritu es amor, gozo, paz, paciencia, benignidad, bondad, fe, 5:23 mansedumbre, templanza; contra tales cosas no hay ley. 5:24 Pero los que son de Cristo han crucificado la carne con sus pasiones y deseos. 5:25 Si vivimos por el Espíritu, andemos también por el Espíritu. 5:26 No nos hagamos vanagloriosos, irritándonos unos a otros, envidiándonos unos a otros.

Porque los que son de Cristo han crucificado la carne con sus pasiones.

PUNTO 4º VEJEZ.

En el mundo, la VEJEZ se menosprecia, no tiene ningún VALOR, pero en Cristo es diferente. Esta la figura del ANCIANO de días, que es una persona que a por su experiencia en la vida, sus consejos son valiosos, para los jóvenes y para todos en general, porque es SABIO.

Tal como nos dice LA ESCRITURA en **proverbios** *cap. 16 versículo 31. Corona de honra es la vejez Que se halla en el camino de justicia.*

Las canas son una digna corona ganada por su conducta honrada, la vejez, se puede considerar un tiempo de VICTORIA, si has permanecido fiel y obediente a Jesús.

Ejemplo: Job.

Fue bendecido y prosperado abundantemente en sus últimos años de vida. El Señor es el que nos mantiene, dándonos Poder, Paciencia, Salud, Fe y confianza en Él.

Por esa sola razón ESTAMOS EN PIE; POR SU MISERICORDIA. Y no por pensar, que ya tenemos algunos años, tenemos que dejar de hacer cosas para Dios. Esto es una gran equivocación.

A sí que les digo a todas esas personas "mayores", que aún tienen mucho que dar: No se queden sentados en el sillón, viendo pasar los días, siendo arboles estériles, porque no lo son. Somos árboles plantados junto a arroyo de aguas.

CONOCIENDO TU IDENTIDAD

"**Salmo** *cap. 1 Versículo 3 "Será como árbol plantado junto a corrientes de aguas, Que da su fruto en su tiempo, Y su hoja no cae; Y todo lo que hace, prosperará.*

Y mientras estemos conectados a esa agua, seremos árboles con mucho fruto que dar, y podemos bendecir tanto como Él nos ha bendecido y ayudado en todos estos años.

Ha sido nuestra compañía, fuerza, aliento en una palabra **TODO.**

"**Isaías** *cap. 60 versículo 1" Levántate, resplandece; porque ha venido tu luz, y la gloria de Jehová ha nacido sobre ti.*

Ahora veremos algunos puntos de cómo trabaja la Mente de Cristo en nosotros, para alcanzar la madurez incluso en nuestra "vejez".

Vamos a desarrollar 9 puntos del **1ª de corintios** *cap. 2 versículo 1 al 16".*

Punto 1º Como Alcanzar la madurez Espiritual.

Tenemos la mente de Cristo, porque no podemos actuar como debe ser sin ella.

1ª de "corintios *cap. 2 versículos 1 2al 3". 2:1 Así que, hermanos, cuando fui a vosotros para anunciaros el testimonio de Dios, no fui con excelencia de palabras o de sabiduría.*

El secreto de una vida en victoria es vencer el temor y la debilidad. Entonces alcanzar la sabiduría, es tener en nosotros funcionando y activa la mente de Cristo.

2:2 Pues me propuse no saber entre vosotros cosa alguna sino a Jesucristo, y a éste crucificado. 2:3 Y estuve entre vosotros con debilidad, y mucho temor y temblor;

Punto 2º ¿para qué tenemos la mente de Cristo?

Para entenderle a Él y al sacrifico de la cruz. El enfoque de nuestra vida, es Jesucristo. (Quién es, y qué hace, lo que significa y Él y su Cruz) nuestra vida no depende de la sabiduría humana.

La diferencia entre sabiduría e inteligencia es que el inteligente sabe que decir, pero el sabio sabe lo que dice o no.

Punto 3 tenemos la mente de Cristo con la ayuda del Espíritu Santo.

"**1ª de corintios** *cap. 2 versículo 4" y ni mi palabra ni mi predicación fue con palabras persuasivas de humana sabiduría, sino con demostración del Espíritu y de poder,* tal como nos dice el Apóstol Pablo en "**1ª de corintios** *cap. 4 versículos del 9 al 12."*

El Espíritu Santo le dio a Pablo sabiduría y el Poder de sobrevivir a circunstancias y abusos. Y el mismo Espíritu Santo tuvo que ayudarle para que no se jactare de tantas bendiciones que había recibido tal como nos dice en "**2ª de corintios** *cap. 12 versículo 7 "Y para que la grandeza de las revelaciones no me exaltase desmedidamente, me fue dado un aguijón en mi carne, un Mensajero de Satanás que me abofetee, para que no me enaltezca sobremanera;"*

Punto 4 tenemos la mente de Cristo para darnos poder.

"**1ª de corintios** *cap. 2 versículo 5" para que vuestra fe no esté fundada en la sabiduría de los hombres, sino en el poder de Dios.*

Sabiendo esto, podemos enfrentarnos a todo lo que se nos presente, con la ayuda de Su poder.

Punto 5 la mente de Cristo nos provee madurez.

"**1ª de corintios** *cap. 2 versículo 6" Sin embargo, hablamos sabiduría entre los que han alcanzado madurez; y sabiduría, no de este siglo, ni de los príncipes de este siglo, que perecen.*

El cristiano maduro no malgasta sus recursos. El inmaduro comete errores.

Punto 6 la mente de Cristo provee sabiduría.

"**1ª de corintios** *cap. 2 versículo 7 y 8" 2:7 Mas hablamos sabiduría de Dios en misterio, la sabiduría oculta, la cual Dios predestinó antes de los siglos para nuestra gloria, 2:8 la que ninguno de los príncipes de este siglo conoció; porque si la hubieran conocido, nunca habrían crucificado al Señor de gloria.* La ignorancia produce maldad.

Punto 7 nos revela bendiciones.

"**1ª de corintios** *cap. 2 versículos del 9 al 12"* 2:9 Antes bien, como está escrito: *Cosas que ojo no vio, ni oído oyó, Ni han subido en corazón de hombre, Son las que Dios ha preparado para los que le aman.2:10 Pero Dios nos las reveló a nosotros por el Espíritu; porque el Espíritu todo lo escudriña, aun lo profundo de Dios. 2:11 Porque ¿quién de los hombres sabe las cosas del hombre, sino el espíritu del hombre que está en él? Así tampoco nadie conoció las cosas de Dios, sino el Espíritu de Dios. 2:12 Y nosotros no hemos recibido el espíritu del mundo, sino el Espíritu que proviene de Dios, para que sepamos lo que Dios nos ha concedido.*

Él nos revela verdades profundas que son inalcanzables para nosotros, tal como nos dice en "**Isaías** *cap. 64 versículo 4." Ni nunca oyeron, ni oídos percibieron, ni ojo ha visto a Dios fuera de ti, que hiciese por el que en él espera.*

Punto 8 para que el Espíritu Santo pueda enseñarnos.

1ª de corintios *cap. 2 versículo 13" lo cual también hablamos, no con palabras enseñadas por sabiduría humana, sino con las que enseña el Espíritu, acomodando lo espiritual a lo espiritual.* Un estudio profundo de las escrituras, nos da discernimiento, sobre todo en lo espiritual, y nos guía a toda verdad. Y la verdad es Cristo.

Punto 9 nos da discernimiento.

1ª de corintios *cap. 2 versículos del 14 al 16. 2:14 Pero el hombre natural no percibe las cosas que son del Espíritu de Dios, porque para él son locura, y no las puede entender, porque se han de discernir espiritualmente. 2:15 En cambio el espiritual juzga todas las cosas; pero él no es juzgado de nadie. 2:16 Porque ¿quién conoció la mente del Señor? ¿Quién le instruirá? Más nosotros tenemos la mente de Cristo.*

CONOCIENDO TU IDENTIDAD

Por revelación, Dios dio discernimiento a los hombres que escribieron LAS ESCRITURAS, para que pudiéramos conocer la verdad.

Entonces cuando el Señor se revela a nosotros, podemos reconocer LA VERDAD, amar lo bueno, escoger lo correcto en una palabra; hacer la VOLUNTAD DE DIOS.

Así habremos alcanzado madurez en nuestras vidas y seguiremos siendo cambiados y transformados por el Espíritu Santo de Dios.

CAPÍTULO 5

EL RETO.

¿Cuál es la meta y el propósito de este pequeño estudio?

El que podamos llegar a conocernos a nosotros mismos, a través de todo lo anteriormente relatado, y podamos alcanzar el propósito que Dios tiene para nuestras vidas. Que pueda ser cambiado y transformado, todo lo que somos, a través de lo que hemos podido conocernos, a medida que hemos ido estudiando y poniendo por obra todo lo aquí expuesto.

IDENTIDAD, CARÁCTER, CONCIENCIA, CONCUPISCENCIA, PERSONALIDAD, TEMPERAMENTO, LO QUE NOS RODEA FORJAN LA PERSONALIDAD.

Las 7 partes del pensamiento de Cristo, la mente natural, la mente del no creyente, la mente del creyente, y el creyente emocional. También aprendemos qué es el libre albedrio, la infancia-la adolescencia, la madurez, y la vejez.

Lo expuesto aquí es un RETO grande porque se necesita valor, determinación y acción para plantearse todo. Esto y lo más importante, ponerlo por OBRA cada día de nuestras vidas, ya que esto es un proceso diario. Y ¿cómo podemos hacer para que esto, sea efectivo?, voy a dar unas pautas en Cristo posicionales y tú vas a escoger donde quieres estar. De ti depende, el actuar para cambiar o el seguir con la misma vida de siempre.

EL ENTORNO QUE RODEABA A JESUS

Vamos a relatar bíblicamente, donde se movían y que es lo que querían alcanzar los que estaban en el entorno de Jesús. Dependiendo de lo cerca o lejos marcara tu identidad, y cambio, y la transformación será más o menos efectiva, si estas más cerca o estas más lejos del círculo.

El entorno que rodeaban a Jesús

1º los 5.000 solamente se mueven por los PANES y los PECES, *por lo que puedan darme "***Juan** *cap. 6:66" Desde entonces muchos de sus discípulos volvieron atrás, y ya no andaban con él. 6:67 Dijo entonces Jesús a los doce:* ***¿Queréis acaso iros también vosotros?***

6:68 Le respondió Simón Pedro: Señor, ¿a quién iremos? Tú tienes palabras de vida eterna. Entonces Jesús dijo a sus discípulos: Si alguno quiere venir en pos de mí, niéguese a sí mismo, y tome su cruz, y sígame.

Muchos se volvieron atrás. Es lo mismo hoy día; no hay raíces, son cristianos superficiales, son niños, si no me dan no sigo, como una pataleta, se enfadan y se enojan cuando no reciben de parte de Dios lo que piden, pero el cristiano maduro, espera en la voluntad de Dios para recibir, NO por lo que Dios da, si no por ÉL DADOR mismo.

2º Los 500. A los que el Señor mismo se les apareció; ¡que privilegio tan grande, el poder ver al Señor!

"**1ª de corintios** *cap. 15 verso 6" Después apareció a más de quinientos hermanos a la vez, de los cuales muchos viven aún, y otros ya duermen.* Se les ordeno, que no salieran de Jerusalén "**hechos** *cap. 1 versículo 4" Y estando juntos, les mandó que no se fueran de Jerusalén, sino que esperasen la promesa del Padre, la cual, les dijo, oísteis de mí.*

3º Los 70. A los que se le podrían dar tareas.

"**Lucas** *cap. 10 versículos del 17 al 20" 10:17 Volvieron los setenta con gozo, diciendo: Señor, aun los demonios se nos sujetan en tu nombre. 10:18 Y les dijo: Yo veía a Satanás caer del cielo como un rayo. 10:19 He aquí os doy potestad de hollar serpientes y escorpiones, y sobre toda fuerza del enemigo, y nada os dañará.*

Como vemos en estos capítulos, fueron enviados de dos en dos, a pueblos, y aldeas llenos de alegría y de gozo. Pero vemos que Él Señor les exhorta a que no se enorgullezcan de lo que hacen, porque NO SON ELLOS si no el PODER DE DIOS en ellos y la advertencia es bien clara, QUE NOS VANAGLORIEMOS DE QUE NUESTROS NOMBRES ESTEN INSCRITOS EN LOS CIELOS.

Que guardemos nuestra salvación con temor y temblor. Eso es lo importante de la exhortación del señor a los 70.

Lucas *cap. Versículo 10:20 Pero no os regocijéis de que los espíritus se os sujetan, sino regocijaos de que vuestros* ***nombres están escritos en los cielos.***

4º LOS 120 LOS QUE ESPERARON EN OBEDIENCIA A LA LLEGADA DEL ESPIRITU SANTO.

"**Hechos** ***cap. 1 versículos del 14 al 16.***"*1:14 Todos éstos perseveraban unánimes en oración y ruego, con las mujeres, y con María la madre de Jesús, y con sus hermanos. 1:15 En aquellos días Pedro se levantó en medio de los hermanos (y los reunidos eran como ciento veinte en número), y dijo: 1:16 Varones hermanos, era necesario que se cumpliese la Escritura en que el Espíritu Santo habló antes por boca de David acerca de Judas, que fue guía de los que prendieron a Jesús.*

No todos pudieron esperar. Sólo quedaron **120** personas: la Madre de Jesús, las mujeres etc. Y lo más importante es que estaban en oración, juntos unánimes en un solo pensamiento, una sola visión. Por eso recibieron la Promesa del Espíritu Santo. Eso era poder y poder de Dios, para poder resistir las luchas, las pruebas, que les esperaban unción para sanar enfermos sacar fuera demonios, y poder hablar la Palabra con denuedo y valentía.

Ese fue el principio de la IGLESIA. Ya nunca más fueron igual! Él Espíritu Santo viviendo en las personas! Ya tenían un guía, una aliento, fuerza y poder de lo alto, para la lucha que tenían que emprender.

Así tal como la IGLESIA actual tiene que estar, llena de poder, autoridad, gobierno, unción y revelación de lo alto para el tiempo en que estamos viviendo.

5º LOS 12 ESCOGIDOS POR JESÚS.

Los que caminaron y comieron con Él, fueron testigos de su Gloria, viendo las señales, milagros, prodigios. Lo vieron caminar sobre las aguas, levantar muertos, dar la vista a los ciegos, hizo caminar a los paralíticos, sacar fuera los demonios y sobre todo Testigos de sus predicaciones. DE SU PALABRA que cambiaba las vidas y transformaba los corazones. Vino a los suyos, y los suyos no le conocieron. Vivieron su MUERTE y RESURRECCIÓN.

Muchos fueron mártires y murieron por la causa de Cristo, sin ningún miedo o temor, para que la salvación llegara a todos aquellos que quisieran escuchar.

LOS 3 ÍNTIMOS DE JESÚS A LOS QUE LES TENIA PREPARADOS REVELACIONES ESPECIALES.

PEDRO, JACOBO Y JUAN.

A ellos les mostro, la resurrección de la hija de Jairo en "**Marcos** *cap. 5 versículos del 35 al 42."* En el huerto de Getsemaní "**Marcos** *cap. 14 versículos 32 y 33"* y lo más hermoso **LA TRANSFIGURACION** en "**Mateo** *cap. Versículos del 1 al 8" 17:1 Seis días después, Jesús tomó a Pedro, a Jacobo y a Juan su hermano, y los llevó aparte a un monte alto; 17:2 y se transfiguró delante de ellos, y resplandeció su rostro como el sol, y sus vestidos se hicieron blancos como la luz. 17:3 Y he aquí les aparecieron Moisés y Elías, hablando con él 17:4 Entonces Pedro dijo a Jesús: Señor, bueno es para nosotros que estemos aquí; si quieres, hagamos aquí tres enramadas: una para ti, otra para Moisés, y otra para* **Elías.** *17:5 Mientras él aún hablaba, una nube de luz los cubrió; y he aquí una voz desde la nube, que decía: Este es mi Hijo amado, en quien tengo complacencia; a él oíd.17:6 Al oír esto los discípulos, se postraron sobre sus rostros, y tuvieron gran temor.17:7 Entonces Jesús se acercó y los tocó, y dijo: Levantaos, y no temáis.17:8 Y alzando ellos los ojos, a nadie vieron sino a Jesús solo.*

Por 3 ocasiones, se llevó sólo a SUS ÍNTIMOS. Las revelaciones NO son para todos. Para llegar a eso, tenemos que FORMAR parte de los INTIMOS DE JESÚS. Ellos fueron testigos del PODER GLORIOSOS DE CRISTO para resucitar a los muertos tal como hemos relatado antes. Él los estaba preparando para una misión especial. ¿Qué es lo que les quería mostrar? ¿En qué consistió la TRANSFIGURACION? En manifestar la verdadera naturaleza de DIOS-HOMBRE. Lo INVISIBLE, lo que permanece siempre en nuestro espíritu. Y lo VISIBLE, lo exterior, lo que perece. ¿Porque MOISES y ELIAS?

La LEY le fue dada a Moisés y Elías es un representante de los profetas. Ellos dan paso a JESUS; el NUEVO CAMINO que remplaza al antiguo. Deja paso al nuevo pacto. JESUCRISTO.

"**Hebreos** *cap. 1 versículos" 1 y 2 1:1 Dios, habiendo hablado muchas veces y de muchas maneras en otro tiempo a los padres por los profetas, 1:2 en estos postreros días nos ha hablado por el Hijo, a quien constituyó heredero de todo, y por quien asimismo hizo el universo;* El **1º Juan**, el discípulo amado **Juan** *cap. 13 versículo 23" 13:23 Y uno de sus discípulos, al cual Jesús amaba, estaba recostado al lado de Jesús.*

CONOCIENDO TU IDENTIDAD

Juan vivió en el CÌRCULO DEL AMOR. Un amor incondicional. Fue amigo íntimo de Jesús. Por **5** veces está citado como al discípulo que Jesús amaba. Se recostaba en su pecho fue el discípulo que escribió más sobre el amor de Dios hacia un mundo pecador, estuvo a los pies de Jesús en la cruz del calvario junto con María y las demás mujeres. Le fue revelado POR JESUCRISTO MISMO el APOCALIPSIS. Y Fue el único que murió de muerte natural.

¿EN DÓNDE ESTAS TÚ?

En los 5.000.

500.

120.

70.

12.

3.

O EL 1 COMO JUAN.

Debes pelear en tu FE hasta conquistar el entorno, donde Él se manifiesta de una manera más grande y poderosa.

Dependiendo de lo cerca que estés, así se habrá desarrollado tu identidad en El. ¡Vale la pena intentarlo!

CAPITULO 6

EPILOGO

Vamos a desarrollar brevemente dos tipos de perfiles. El maduro el cual tenemos que imitar. Y el inmaduro el cual tenemos que desechar. Tomaremos el ejemplo por excelencia a imitar, **JESUCRISTO.**

Y veremos el ejemplo a desechar: el REY SAÙL.

JESUS.

Hay unos 200 nombres y títulos de Cristo. Veremos algunos de ellos.

LAS DOS NATURALEZAS DE CRISTO LA DIVINA Y LA HUMANA.

CRISTO SON DOS NATURALEZAS UNIDAS EN UNA PERSONA POR SIEMPRE. ÉL NO ES DOS CRISTOS, SINO UNO. MIENTRAS SE MANTIENEN DISTINTAS, LAS DOS NATURALEZAS ESTÁN UNIDAS DE TAL MANERA QUE SON UNA PERSONA.

ESTAS DOS NATURALEZAS EXISTEN JUNTAS DE TAL MANERA QUE CONSTITUYEN "UNA SOLA COSA." EN OTRAS PALABRAS, LAS DOS NATURALEZAS SON AMBAS EL MISMO JESÚS, Y POR LO TANTO SON UNA PERSONA. ACLARADO ESTE PUNTO, VAMOS A SEGUIR.

DIVINA Y HUMANA

Aquí vemos varios conceptos a tener en cuenta para nosotros:

1º AMOR

Su principal característica y su esencia es el AMOR. Y por eso se nos demanda y nos habla en este versículo y dice:

"**Juan** *cap. 13 versículo 35"En esto conocerán todos que sois mis discípulos, si tuviereis amor los unos con los otros.* "**Romanos** *cap. 5 versículo 5 y la esperanza no avergüenza; porque el amor de Dios ha sido derramado en nuestros corazones por el Espíritu Santo que nos fue dado.* "**Romanos** *cap. 5 versículo 8 "Mas Dios muestra su amor para con nosotros, en que siendo aún pecadores, Cristo murió por nosotros.*

En "**1º de corintios** *cap. 13 versículos 4 al 8"* la parte b. relata las características del amor verdadero, el amor que Dios ha puesto en nuestros corazones, y por lo tanto se tiene qué manifestar.

3:4 El amor es sufrido, es benigno; el amor no tiene envidia, el amor no es jactancioso, no se envanece; 13:5 no hace nada indebido, no busca lo suyo, no se irrita, no guarda rencor; 13:6 no se goza de la injusticia, más se goza de la verdad. 13:7 Todo lo sufre, todo lo cree, todo lo espera, todo lo soporta. 13:8 El amor nunca deja de ser; Y para terminar vemos en "**Efesios** *cap. 4 versículos del 1 al 6." 4:1 Yo pues, preso en el Señor, os ruego que andéis como es digno de la vocación con que fuisteis llamados, 4:2 con toda humildad y mansedumbre, soportándoos con paciencia los unos a los otros en amor,4:3 solícitos en guardar la unidad del Espíritu en el vínculo de la paz; 4:4 un cuerpo, y un Espíritu, como fuisteis también llamados en una misma esperanza de vuestra vocación; 4:5 un Señor, una fe, un bautismo, 4:6 un Dios y Padre de todos, el cual es sobre todos, y por todos, y en todos.*

Humildad, mansedumbre, paciencia, paz, un solo espíritu, una sola visión, una sola fe, somos uno en ÉL. Y lo que verdaderamente nos une es el AMOR que ÉL ha derramado en nosotros.

2º SANTIDAD

"**Isaías** *cap. 6 versículo 3" Y el uno al otro daba voces, diciendo: Santo, santo, santo, Jehová de los ejércitos; toda la tierra está llena de su gloria.* "**Hebreos** *cap. 12 versículo 14 "Seguid la paz con todos, y la santidad, sin la cual nadie verá al Señor.* Se nos dice algo importante para nosotros, una orden del SEÑOR, que tenemos que ser **SANTOS** para ver al **SEÑOR.** Es un requisito imprescindible.

Que significa ser **SANTO** pues algo bien sencillo **LIMPIO** DE PECADO. El motivo principal es que tenemos que ser santos porque **ÉL es Santo.**

"**Levítico** *cap. 7 versículo 7 y 8."20:7 Santificaos, pues, y sed santos, porque yo Jehová soy vuestro Dios. 20:8 Y guardad mis estatutos, y ponedlos por obra. Yo Jehová que os santifico.*

Seguid la **PAZ CON TODOS**, es una consecuencia de vivir en **SANTIDAD.** Tenemos que procurar estar a bien con todos, sin iras, contiendas, divisiones, pleitos, griterías, celos, avaricia, soberbia, orgullo. En pocas palabras las **OBRAS DE LA CARNE.**

LA CONCUPISCENCIA en todo su esplendor.

Por eso, el consejo del Espíritu Santo, tal como nos dice: en "**efesios** *cap. 4 versículo 24".* Es que Tenemos que **VESTIRNOS DEL NUEVO** HOMBRE en justicia y verdad, y la verdad es **CRISTO.**

Vestíos del nuevo hombre, creado según Dios en la justicia y santidad de la verdad.

OBEDIENCIA

Vemos en estos versículos el ejemplo que nos dio **JESUCRISTO**, para que lo imitáramos.

"**Hebreos** *cap. 5 versículo 8 y filipenses cap. 2 versículo 8"* dice: *Hebreos 5:8 Y aunque era Hijo, por lo que padeció aprendió la obediencia; Filipenses 2:8 y estando en la* *condición de hombre, se humilló a sí mismo, haciéndose obediente hasta la muerte, y muerte de cruz.*

Porque siendo DIOS se humilló, se hizo hombre por nosotros para darnos la salvación y a través de la OBEDIENCIA AL PADRE**, murió en la CRUZ POR NOSOTROS.**

"**Lucas** *cap. 22 versículos 42 y 43 "diciendo: Padre, si quieres, pasa de mí esta copa; pero no se haga mi voluntad, sino la tuya.22:43 Y se le apareció un ángel del cielo para fortalecerle.*

Aunque a veces estemos en situaciones difíciles, tenemos el versículo anteriormente mencionado. Podemos pedirle al SEÑOR que nos envíe un ángel para que nos conforte y nos ayude a ser obedientes a la voluntad de Dios. Tal como ÉL hizo.

En "**2ª de corintios** *cap. 10 versículo 5 "nos* dice *derribando argumentos y toda altivez que se levanta contra el conocimiento de Dios, y llevando cautivo todo pensamiento a la obediencia a Cristo.*

CONOCIENDO TU IDENTIDAD

Nos corresponde a nosotros derribar todo lo que pertenece al **YO,** a los argumentos humanos y desechar toda altivez y arrogancia de nuestros pensamientos. Lo que **NOSOTROS** creemos y pensamos y decidimos hay que llevarlo cautivo, ósea rendido a ÉL en obediencia a lo que nos demanda.

"**Juan** *cap. 14 versículos 23 "Respondió Jesús y le dijo: El que me ama, mi palabra guardará; y mi Padre le amará, y vendremos a él, y haremos morada con él.*

Nos insta a obedecer la Palabra, y como consecuencia de ello, el **PADRE** nos amará y haremos morada con ÉL. ¡Qué hermosas palabras y cuanto amor hay en ellas! Y también nos dice que si obedecemos seremos ESPECIAL TESORO PARA ÉL.

"**Éxodo** *cap. 19 versículo 5" Ahora, pues, si diereis oído a mi voz, y guardareis mi pacto, vosotros seréis mi especial tesoro sobre todos los pueblos; porque mía es toda la tierra. Entonces vemos que la desobediencia trae consecuencias.*

"**Efesios** *cap. 5 versículo 6 "Nadie os engañe con palabras vanas, porque por estas cosas viene la ira de Dios sobre los hijos de desobediencia.*

La consecuencia es que tarde o temprano llegará la ira de Dios en nuestra vida. También nos exhorta a que no seamos engañados con palabras vanas, falsas doctrinas etc. Demos gracias a Dios porque siempre está atento a nuestras necesidades y nos da la guía, del Espíritu Santo a través de la Escritura, para que seamos librados de la ignorancia, y sepamos siempre lo que se demanda de nosotros.

LA HUMANIDAD DE JESÚS ES UN EJEMPLO PARA LOS CREYENTES La humanidad de Jesús es un ejemplo para los creyentes, ya que tiene que ver con el cómo vivimos nuestras vidas"**1ª de Pedro.**

La vida de un cristiano debe ser una imitación de la vida de Jesús (ver "**Juan** *13:34, 15:12* ". Somos llamados a vivir nuestras vidas como Él vivió la suya. Así cómo Jesús fue tentado, soportó el sufrimiento y enfrentó el odio, así debemos los cristianos enfrentar esas cosas en este mundo " **Juan** *15:18-20* ".

La Escritura también nos advierte de no "amar el mundo ni las cosas que están en el mundo"***1 Juan 2:15*** ", tomando en cuenta tres cosas en particular: los deseos de la carne, los deseos de los ojos y la vanagloria de la vida "***1 Juan 2:16*** ". Satanás quién tiene dominio sobre el mundo " ***1 Juan 5:19*** "usará los deseos del mundo que usó con Eva y Jesús para tentar a los cristianos. Sin embargo, la manera en que ganaremos esta batalla en contra del mundo, es mirando hacia Aquél que ya ha vencido al mundo "***Juan 16:33*** ". La vida de obediencia y la fe de Jesús es un ejemplo para nosotros cuando enfrentemos la tentación ya que nosotros contamos con los mismos recursos que respaldaban a Jesús para llevar a cabo Su ministerio:

La **Palabra de Dios** "**Efesios** *6:17* ", **la oración** *"Efesios 6:18* "y el Espíritu Santo *"Efesios 5:18* "

Tuvo hambre, *"Mateo cap. 4 versículo 2"."Mateo cap. 21 versículos 17"*

Tubo sed *"juan cap. 19 versículo 18"*

Se cansaba *"Juan cap. 4 versículo 6"*

Lloro. *"Juan cap. 11 versículo 35"*

Fue tentado. *"Hebreos cap. 4 versículo 15 "*

AFIRMACIONES SOBRE LA PERSONALIDAD DE CRISTO

Jesucristo; una sola persona con dos naturalezas. La naturaleza humana de Cristo en sí mismo no constituye una persona separada. La naturaleza humana de Cristo no es impersonal porque la naturaleza divina, le otorga personalidad. La naturaleza humana de Cristo, no es incompleta, no le falta de nada. La naturaleza humana de Cristo tiene voluntad propia, La segunda persona de la trinidad, el Hijo que es Dios desde la eternidad, asumió forma y naturaleza humana. Por lo tanto ahora tiene una naturaleza, humana y divina.

PERFIL DEL REY SAUL

Rey "**1ª de Samuel** *cap. 10 versículo 1" Tomando entonces Samuel una redoma de aceite, la derramó sobre su cabeza, y lo besó, y le dijo: ¿No te ha ungido Jehová por príncipe sobre su pueblo Israel?*

Fue ungido por el profeta Samuel, para que reinara sobre Israel. Fue el pueblo quien pidió **REY**, Quisieron ser como los demás pueblos no valoraron ni entendieron que eran un pueblo especial un pueblo **ESCOGIDO POR DIOS, ÉL ERA QUÌEN LOS GOBERNABA,** pero ellos prefirieron un hombre como Rey en vez de ser gobernados por una **TEOCRACIA;** un solo Dios. **1ª de Samuel** *cap. 8 versículo 7 Y dijo Jehová a Samuel: Oye la voz del pueblo en todo lo que te digan; porque no te han desechado a ti, sino a mí me han desechado, para que no reine sobre ellos. Y 1ª de Samuel cap. 10 versículos 19 Pero vosotros habéis desechado hoy a vuestro Dios, que os guarda de todas vuestras aflicciones y angustias, y habéis dicho: No, sino pon rey sobre nosotros. Ahora, pues, presentaos delante de Jehová por vuestras tribus y por vuestros millares.*

Las consecuencias fueron terribles para el pueblo, pero ellos escogieron, así como nosotros también tenemos el libre albedrío, para escoger nuestro camino.

"**1ª de Samuel** *cap. 12 versículo 13" Ahora, pues, he aquí el rey que habéis elegido, el cual pedisteis; ya veis que Jehová ha puesto rey sobre vosotros. "12:14 Si temiereis a Jehová y le sirviereis, y oyereis su voz, y no fuereis rebeldes a la* *palabra de Jehová, y si tanto vosotros como el rey que reina sobre vosotros servís a Jehová vuestro Dios, haréis bien. "12:15 Más si no oyereis la voz de Jehová, y si fuereis rebeldes a las palabras de Jehová, la mano de Jehová estará contra vosotros como estuvo contra vuestros padres.*

IDENTIDAD. REY.

Carácter. Desobediente, 1ª de Samuel *cap. 13 versículos del 8 al 13. Y él esperó siete días, conforme al plazo que Samuel había dicho; pero Samuel no venía a Gilgal, y el pueblo se le desertaba. 13:9 Entonces dijo Saúl: Traedme holocausto y ofrendas de paz. Y ofreció el holocausto. 13:10 Y cuando él acababa de ofrecer el holocausto, he aquí Samuel que venía; y Saúl salió a recibirle, para saludarle. 13:11 Entonces Samuel dijo: ¿Qué has hecho? Y Saúl respondió: Porque vi que el pueblo se me desertaba, y que tú no venías dentro del plazo señalado, y que los filisteos estaban reunidos en Micmas, 13:12 me dije: Ahora descenderán los filisteos contra mí a Gilgal, y yo no he implorado el favor de Jehová. Me esforcé, pues, y ofrecí holocausto. 13:13 Entonces Samuel dijo a Saúl:* ***Locamente has hecho;*** *no guardaste el mandamiento de Jehová tú Dios que él te había ordenado; pues ahora Jehová hubiera confirmado tu reino sobre Israel para* *siempre.* Celoso, *1ª de Samuel cap. 18 versículo 7 al 9. 18:7 Y cantaban las mujeres que danzaban, y decían: Saúl hirió a sus miles, Y David a sus diez miles.18:8 Y se enojó Saúl en gran manera, y le desagradó este dicho, y dijo: A David dieron diez miles, y a mí miles; no le falta más que el reino. 18:9 Y desde aquel día Saúl no miró con buenos ojos a David.*

Temeroso.

1º de Samuel cap. *17 versículo 24 Y todos los varones de Israel que veían aquel hombre huían de su presencia, y tenían gran temor. 1ª de Samuel cap. 17 versículo 32 17:24 Y todos los varones de Israel que veían aquel hombre huían de su presencia, y tenían gran temor. 1ª de Samuel cap. 17 versículos del 33 al 36.17:33 Dijo Saúl a David: No podrás tú ir contra aquel filisteo, para pelear con él; porque tú eres muchacho, y él un hombre de guerra desde su juventud. 17:34 David respondió a Saúl: Tu siervo era pastor de las ovejas de su padre; y cuando venía un león, o un oso, y tomaba algún cordero de la manada, 17:35 salía yo tras él, y lo hería, y lo libraba de su boca; y si se levantaba contra mí, yo le echaba mano de la quijada, y lo hería y lo mataba. 17:36 Fuese león, fuese oso, tu siervo lo mataba; y este filisteo incircunciso* *será como uno de ellos, porque ha provocado al ejército del Dios viviente.*

Concupiscencia (su carne). Se llenó de vanidad, y soberbia, solo le importaba quedar bien ante los hombres y no delante de Dios.

1º de Samuel *cap. 15 versículos 30 Y él dijo: Yo he pecado; pero te ruego que me honres delante de los ancianos de mi pueblo y delante de Israel, y vuelvas conmigo para que adore a Jehová tú Dios.*

Temperamento.

Se llenó de ira y de rabia contra David, incluso sufría porque Dios le envió un espíritu que lo atormentaba, Pero el Señor le envió alivio a través de David al que intento matar un montón de veces a causa de sus celos enfermizos hacia él.

16:14 El Espíritu de Jehová se apartó de Saúl, y le atormentaba un espíritu malo de parte de Jehová. 16:15 Y los criados de Saúl le dijeron: He aquí ahora, un espíritu malo de parte de Dios te atormenta.

1ª de Samuel cap. 16:23 Y cuando el espíritu malo de parte de Dios venía sobre Saúl, David tomaba el arpa y tocaba con su mano; y Saúl tenía alivio y estaba mejor, y el espíritu malo se apartaba de él.

Y siguió su cuesta abajo, ya definitiva al ir a consultar a una pitonisa, cuando Dios le dio la orden de que las exterminara a todas.

Pero como era desobediente no hizo caso al mandato de Dios y eso fue su ruina.

1ª de Samuel cap. 28 versículos del 5 al 7. 28:5 Y cuando vio Saúl el campamento de los filisteos, tuvo miedo, y se turbó su corazón en gran manera. 28:6 Y consultó Saúl a Jehová; pero Jehová no le respondió ni por sueños, ni por Urim, ni por profetas. 28:7 Entonces Saúl dijo a sus criados: Buscadme una mujer que tenga espíritu de adivinación, para que yo vaya a ella y por medio de ella pregunte. Y sus criados le respondieron: He aquí hay una mujer en Endor que tiene espíritu de adivinación.

Vemos en estos versículos cómo termino el primer REY de Israel. Por su desobediencia, su carácter, personalidad, y temperamento que no puso en las manos de Dios para que el pudiera transformar y cambiar y no se arrepintió, y murió de una forma deshonrosa quitándose la vida. Eso nos tiene que hacer reflexionar muy mucho, el pecado trae, muerte.

"**1ª de Samuel** *cap. 31 versículos del 3 al 5."31:3 Y arreció la batalla contra Saúl, y le alcanzaron los flecheros, y tuvo gran temor de ellos. 31:4 Entonces dijo Saúl a su escudero: Saca tu espada, y traspásame con ella, para que no vengan estos incircuncisos y me traspasen, y me escarnezcan. Mas su escudero no quería, porque tenía gran temor. Entonces tomó Saúl su propia espada y se echó sobre ella. 31:5 Y viendo su escudero a Saúl muerto, él también se echó sobre su espada, y murió con él. 31:6 Así murió Saúl en aquel día, juntamente con sus tres hijos, y su escudero, y todos sus varones.*

El Rey Saúl, no quiso cambiar y arrepentirse a pesar de las advertencias del profeta Samuel.

Pero tenemos un buen ejemplo de que sí se puede cambiar y arrepentirse del pecado.

CONOCIENDO TU IDENTIDAD

Vemos al sucesor del Rey Saúl el escogido por Dios para reinar.

El Rey Saúl fue escogido por los hombres y no por Dios. Pero el Rey David fue escogido por Dios y vemos lo que Él pensaba.

En **1º de Samuel** *cap. 13:14 Mas ahora tu reino no será duradero. Jehová se ha buscado un varón* ***conforme a su corazón,*** *al cual Jehová ha designado para que sea príncipe sobre su pueblo, por cuanto tú no has guardado lo que Jehová te mandó.*

Tal como citamos anteriormente.

¡Qué importante es para nuestras vidas, que el **SEÑOR** diga que somos conforme a su corazón! Con nuestros defectos y debilidades, en las luchas y en las pruebas de cada día, pero que podamos llegar a ser cambiados transformados para su **GLORIA HONRA Y ALABANZA.**

Espero que en estas humildes líneas, pueda encontrar una guía para conocer ampliamente, cuál es su **IDENTIDAD EN CRISTO.**

MIX
Papier aus verantwortungsvollen Quellen
Paper from responsible sources
FSC® C105338

Printed by Books on Demand GmbH, Norderstedt / Germany